Ulla Peffermann-Fincke

NEU SEH LAND

Was zu
gewinnen
ist, wenn
man die
Perspektive
wechselt

VIER TÜRME

Inhalt

Denken ist interessanter als Wissen,
aber nicht als Anschauen.

Johann Wolfgang von Goethe

Aufbruch

Urlaub. Endlich wieder verreisen, ein neues Land se- hen. Gespannte Vorfreude. Unterwegs zum Ziel ein Gefühl von Leichtigkeit und Freiheit, das Alte lasse ich hinter mir, mit jeder Reise beginnt ein neues Le- benskapitel. Wie wird es wohl werden?

Meine Augen nehmen alles Neue auf, mein Blick ist geschärft, schweift umher. Ich mache mir – im wahrs- ten Sinn des Wortes – ein Bild von meiner Umgebung. Hatte ich mir das so vorgestellt? Werden meine Er- wartungen erfüllt oder sogar übertroffen oder bin ich enttäuscht? Ist der erste Eindruck angenehm oder eher verunsichernd, weil zu fremd, zu exotisch? Von allen Sinnesorganen geben mir die Augen die Haupt- information, um mich zurechtzufinden. Was sehe ich und was lösen die Bilder in mir aus?

Meine Freundin begleitet mich, und es wird schnell klar, dass sie vieles anders sieht als ich. Aber wir sehen doch das Gleiche, oder?! Doch was ich abstoßend fin- de, findet sie originell, was ich schön finde, findet sie kitschig, was ihr Angst einflößt, finde ich spannend.

Außerdem sieht sie Dinge, die ich gar nicht im Blick habe, und umgekehrt. Gleiche Bilder – unterschiedliche Deutung. Offensichtlich haben wir verschiedene Sichtweisen.

Kann ich ihre Sichtweise einnehmen und sie meine? Das ist leichter gesagt als getan. Wir reden und begründen unsere Sichtweisen, sie scheinen tief in uns verwurzelt zu sein, basieren auf Erfahrungen und Überzeugungen – und die sind nun mal sehr unterschiedlich.

Auch ohne Freundin kann ich mich fragen, warum ich die Dinge sehe, wie ich sie sehe, und mir somit selbst auf die Spur kommen. Ich mache auf der Reise die erstaunliche Entdeckung, dass ich neu sehen lernen kann – im genaueren Hinsehen, im Anders-Sehen, im Weiter- und Tiefer-Sehen. Ich habe die Freiheit, meine Augen, meine Aufmerksamkeit auszurichten, zu fokussieren, Dinge in den Blick zu nehmen und anderes großzügig zu übersehen. Ich habe die Wahl. Ich kann meinen Blick nach außen oder nach innen richten, nachspüren, was die Bilder in mir auslösen. So wie sich mein äußerer Horizont erweitert, weitet sich auch mein inneres Land. Die Reise lässt mich ahnen, wie reich mein Leben ist. Es ist schön, mit offenen Augen durch die Welt zu gehen!

Jedes Leben ist einzigartig und somit auch jede Lebensreise. Immer wieder werden wir mit neuen Eindrücken konfrontiert. Was wir daraus machen, *wie* wir sehen (wollen), das hängt von unserer Sichtweise, von unserer Perspektive ab. Hierin sind wir nicht festgelegt, sondern wir können unseren Blick weiten, die Perspektive wechseln und uns öffnen für neue Erfahrungen.

Entdecken Sie das Sehen als ein wunderbares Instrument, Ihr Leben zu bereichern. Dazu möchte dieses Buch einladen.

Ansichtssache

Die Augen sind ein Wunderwerk, davon bin ich überzeugt. Deshalb habe ich den Beruf der Orthoptistin gewählt. Ich prüfe bei meinen meist kleinen Patienten nicht nur die Sehschärfe, sondern auch die Qualität der Zusammenarbeit beider Augen, ob sie schielen oder nicht und ob die Motorik der Augen, also der Bewegungsapparat beider Augen, in Ordnung ist. Es ist für die meisten von uns zum Glück ganz selbstverständlich, dass wir »normal«, also gut sehen. Erst wenn wir verschwommen sehen, unscharf und sogar doppelt, wird uns auf einmal bewusst, wie wichtig ein klares und scharfes Sehen ist.

Ich selbst kenne die Verunsicherung, nicht (mehr) gut zu sehen. Als Neunjährige kam ich am Gymnasium in eine große Klasse. Schüchtern wie ich war, blieb nur noch ein Platz in der letzten Reihe für mich frei – und ich sah überhaupt nicht mehr richtig, was sich vorne abspielte. Die neue Lehrerin schrieb ihren Namen an die Tafel und ich konnte nichts lesen. Das war ein großer Schreck, obwohl mir vorher schon klar war, dass andere Menschen besser sehen als ich. Nun musste ich meinen ahnungslosen Eltern erzählen, wie es um mein (Nicht-)Sehen stand, und bekam daraufhin wegen meiner Kurzsichtigkeit eine Brille. Ich mochte sie überhaupt nicht, dieses hässliche Kassengestell, und nun war ich mit drei anderen Kindern in der Klasse die »Besondere« mit Brille. So war das damals noch. Aber was für eine Offenbarung, nun alles scharf sehen zu können, jedes Detail, ohne nah herangehen zu müssen!

Nun, im fortgeschrittenen Alter, habe ich wieder das gleiche Problem. Die Sehschärfe lässt nach, ist aber nun durch Brillengläser nicht zu verbessern. Und obwohl ich ja »vom Fach« bin, war ich erstaunt, eine Linsentrübung, den sogenannten grauen Star, zu haben. Eigentlich bekommt man den doch erst im Alter, dachte ich. Aber offensichtlich war ich schon »in dem Alter«! So wurde ich operiert, bekam eine künstliche Augenlinse und sehe seitdem wieder glasklar. Erneut eine Offenbarung, verbunden mit großer Dankbarkeit für unsere Medizin und die Operateure.

Aber wir können heute nicht nur die Optik des menschlichen Auges verbessern. Dank neuer Technologien, Mikroskope und Teleskope erweitert sich das optische Spektrum unseres Sehens ständig. Wir können einerseits kleinste Teilchen erkennen und blicken andererseits immer weiter in das unendliche All.

Bei aller Begeisterung für das Sehen stellten sich mir die Fragen:

- Was machen wir eigentlich mit den Eindrücken, die wir sehen?
- Wie interpretieren wir das, was wir sehen?
- Wie prägt uns das, was wir gesehen und erlebt haben?

Es interessiert mich, das Auge nicht nur als Sinnesorgan, sondern als Vermittler von Eindrücken und deren Auswirkung zu betrachten. Nicht nur, was ich sehe, ist von Bedeutung, sondern noch spannender, wie ich Bilder sehe und was sich daraus ergibt.

Als Referentin für Kurse zur Persönlichkeitsentwicklung erlebe ich, wie unterschiedlich unsere Sichtweisen sind, wie andersartig unser Denken und Fühlen sein kann. Oft so krass, dass wir glauben, der andere lebe »auf einem anderen Stern«. In dieser Verschiedenheit liegt Zündstoff, aber auch ein enormer Reichtum, der mich immer wieder staunen lässt.

Ich bin überzeugt, der Mensch bleibt ein Lernender – ein Leben lang. Sich diesem Prozess zu stellen, bedeutet, lebendig zu sein, offen zu sein für neue Bilder, Eindrücke und Sichtweisen, bedeutet auch, sich getäuscht zu haben, Fehler zu machen, immer wieder, aber auch, über sich hinauszuwachsen – immer wieder!

Wenn wir etwas in den Blick nehmen und fixieren, richten wir unsere Augen so aus, dass das Objekt, das wir anschauen, auf der Makula der Netzhaut abgebildet wird. Das ist die Stelle des schärfsten Sehens in unserem Auge. In der Makula drängen sich enorm viele Zapfenzellen – rund 6 Millionen auf nur wenigen Quadratmillimetern –, die für das zentrale Sehen zuständig sind. Nur aufgrund der Dichte dieser Zellen ist eine hundertprozentige Sehschärfe möglich. Insofern ist die These des Ophthalmologen Marc Amsler berechtigt, dass diese fünf Quadratmillimeter der Netzhaut mit die wertvollsten des ganzen menschlichen Organismus sind. Drei Millimeter von dieser zentralen Stelle entfernt, finden sich deutlich weniger Zapfenzellen pro Quadratmillimeter und die Sehschärfe sinkt auf dreißig Prozent, zehn Millimeter entfernt erreicht man nur noch eine zehnprozentige Sehschärfe.

Voraussetzung für ein scharfes Sehen ist, dass die sogenannten brechenden Medien (die durchsichtige Hornhaut und Linse sowie der Glaskörper, der den Augapfel ausfüllt) klar sind und die Optik stimmt, sodass ein Bild überhaupt scharf auf der Netzhaut abgebildet werden kann. Erst dann können die Zellen der Netzhaut ein gutes Bild mittels elektrischer Impulse an die Sehrinde im Hinterhaupthirn weitergeben.

Das Auge ist nicht nur ein Sinnesorgan, sondern die Netzhaut ist zudem ein Teil des zentralen Nervensystems. Untersucht man die Netzhaut, so schaut man praktisch ins

Gehirn. Neueste Forschungen bestätigen, dass sich an der Netzhaut degenerative Erkrankungen des Gehirns ablesen lassen.

Ansichtssache

Sehen und gesehen werden

»Hier geht's doch nur um Sehen und Gesehenwerden!«, so meinte meine Freundin kürzlich – sie sprach von der Hafenpromenade in Saint Tropez. Sehen und gesehen werden, so vermuten wir etwas abschätzig, sei nur das Bedürfnis der Reichen und Schönen, die eine Bühne brauchten, um sich dieser Welt zu präsentieren. Ist das so? Von wegen! Gesehen zu werden ist unser aller Wunsch, der mal mehr oder weniger kaschiert wird.

Ein Säugling muss sich in den ersten Lebensmonaten im »Glanz der Augen der Eltern« spiegeln, um sich gut zu entwickeln. Das Kind braucht die freundlich-stolze Aufmerksamkeit der Eltern, um seelisch gesund zu sein, so der Psychoanalytiker Heinz Kohut. Da fängt es also schon an mit dem Sehen und dem Gesehenwerden, diesem Wechselspiel, das offensichtlich von klein an Bedeutung hat.

Als Orthoptistin untersuche ich Lisa, sechs Monate alt, auf dem Schoß ihrer Mutter. Lisa soll zu meiner Taschenlampe sehen, aber weder das Licht noch der Fixierstab mit den netten Bildchen interessiert sie – sie schaut gebannt auf mich, nimmt Blickkontakt auf. Lebendige Gesichter sind spannender als tote Gegenstände. Ich genieße die Intensität, als würden wir uns gegenseitig erkennen und staunen, dass es uns gibt. Wir brauchen den Blickkontakt, diese Verbindung über die Augen, ein Leben lang, immer wieder neu. Nicht gesehen, übersehen zu werden, tut weh, vermittelt es doch das Gefühl, bedeutungslos zu sein, nicht dazuzugehören.

In der Bibel gibt es eine interessante Geschichte dazu: Hagar, eine ägyptische Frau, arbeitet als Sklavin für Abraham und seine Frau Sara. Da Sara nicht schwanger wird, zeugt Abraham mit Hagar einen Sohn. Doch kaum ist er auf der Welt, wird sie verstoßen, weil Sara eifersüchtig ist. Hagar flieht mit ihrem Sohn Ismael in die Wüste. Dort wird sie von einem Engel mit ihrem Namen angesprochen. Hagar spürt, dass sie nicht allein ist. Sie preist Gott, weil er sie sieht, nach ihr schaut. Danach geht sie mutig ihren Weg. Gesehen zu werden macht stark! Wenn wir also meinen, von allen Menschen verlassen zu sein, nicht mehr gesehen zu werden, dann kann es tröstlich sein, mir bewusst zu machen, dass ich nicht ganz und gar übersehen werde. Die Bibel erzählt von einem Gott, der an mir interessiert ist. Das kann mir neues Selbstbewusstsein und neue Kraft geben.

Das Bedürfnis, zu sehen und gesehen zu werden, reicht über den Tod hinaus. Wenn wir an unseren eigenen Tod denken und das, was womöglich danach kommt, ist die Sehnsucht groß, dann unsere Liebsten, die vor uns gegangen sind, in irgendeiner Form wiederzusehen. Wie genau das Sehen dann sein wird, können wir uns nicht vorstellen, aber der Wunsch ist einfach da. Als gläubiger Mensch möchte ich auch endlich Gott von Angesicht zu Angesicht schauen. Nicht nur, dass er mich sieht, sondern ich ihn! Meinem Onkel hat diese Hoffnung bzw. die Freude darauf so viel Kraft gegeben, dass er loslassen und in Frieden sterben konnte. Der US-amerikanische Franziskanerpater Richard Rohr meint: »Healing means being connected« – Verbundenheit macht gesund, heil, und das kann wortlos über einen wohlwollenden Blick geschehen. Deshalb sehnen wir uns danach.

Eine Freundin von mir hat die Angewohnheit, im Gespräch den Blick schweifen zu lassen. Wir sitzen uns im Café gegenüber und sie schaut rechts und links an mir vorbei. Es scheint offensichtlich viel Interessantes in meinem Umfeld zu geben. Das irritiert mich total. Ich habe dann das Gefühl: Ich bin nicht mehr gemeint, die Verbindung zu ihr ist unterbrochen.

Sehen, Blickkontakt bedeutet, Beziehung herzustellen, bedeutet Kommunikation. Mimik und Körpersprache sind nonverbale Ausdrucksformen. Die Pantomime lebt davon. Manchmal möchten wir etwas nicht am Telefon erzählen, sondern von Angesicht zu Angesicht, weil wir nicht nur hören möchten, was der andere dazu sagt, sondern sehen wollen, wie unser

Gegenüber reagiert – mit seinem ganzen Körper. Was drückt sein Gesicht aus? Freude, Zustimmung und Akzeptanz oder Kritik, Zurückhaltung, Ablehnung?

Ein freundlicher, liebevoller Blick kann ausdrücken: Ich sehe dich, ich verstehe dich, ich akzeptiere dich so, wie du bist. Aber Blicke können auch töten, so der Volksmund. Ein abwertender Blick ist schwer zu ertragen, trennt, isoliert. Daran habe ich ganz eigene Erinnerungen: Ich bin neun Jahre, wir sitzen im Garten und sprechen über die Schule und ob ich wohl ans Gymnasium gehen soll. Ich war davon ausgegangen, warum auch nicht? Ich habe gute Noten. Da sehe ich den zweifelnden Blick meiner Mutter. Ich erstarre innerlich, bin zutiefst getroffen, sage nichts.

Viele Jahre später: Ich nehme an einem Theaterworkshop teil. Der Regisseur betont, wie wichtig ein intensiver Blickkontakt zwischen den Schauspielern sei, wird doch dadurch die Spannung gehalten. Und dann stehe ich selbst auf der Bühne und spüre, wie wahr das ist. Ich spiele in dem Klassiker von Tennessee Williams, »Die Glasmenagerie«, eine schüchterne, weltfremde Person, die vor dem fordernden Blick der Mutter flieht. Der Blick des Bruders ist meist abwesend, in die Ferne gerichtet, er will weg von zu Hause. Da nimmt sie doch lieber die kleinen Glasfiguren in den Blick, die im Licht glitzern und funkeln, und denkt sich Geschichten aus. Das intensive Spielen verbindet uns Schauspieler auch über die Aufführungen hinaus. Wir treffen uns noch immer, auch wenn wir schon lange nicht mehr zusammen auf der Bühne stehen. Wir haben uns weiterhin im Blick, und das tut gut.

Weitere Jahre später: Ich gebe einen Wochenendkurs. Es ist Freitagabend, die Teilnehmer sitzen im Kreis, schauen mich erwartungsvoll an, sind gespannt auf das, was kommt. Und ich? Bin nicht minder gespannt. Ich lese in den Gesichtern. Da sind Interesse und Offenheit, aber auch Skepsis und Verschlossenheit, die ganze Palette. Am Ende des Abends zufriedene Gesichter, nachdenklich vielleicht, aber positiv gestimmt. Ich freue mich. Die Blicke bauen mich auf, machen mir Mut.

Vermutlich sind wir uns nicht über die Macht der Blicke bewusst. Blicke treffen uns ungefiltert und lösen ganz spontan, im wahrsten Sinn des Wortes, »augenblicklich« Positives wie Negatives aus. Ein Blickkontakt ist wie ein durchsichtiges Band zwischen mir und dem anderen, zwischen Sender und Empfänger.

Atempause

Welche Blicke sind mir in Erinnerung geblieben – aus der Kindheit, aus meinem späteren Leben?

Wie bin ich angesehen worden?

Welche Menschen möchte ich im Blick behalten?

Augenblicke

Wohin blicken meine Augen? Was zieht meinen Blick an? Wohin geht meine Aufmerksamkeit? Es gibt einen interessanten Reflex: Die Augen werden von dem Besonderen angezogen, der Blick wird automatisch auf das Objekt gerichtet, an dem es mehr Kontraste oder Bewegung zu beobachten gibt. Dieses Phänomen macht man sich zunutze, um die Sehschärfe von Babys zu prüfen. Man hält dem Kind zwei Platten hin, eine graue und eine schwarz-weiß gestreifte. Es schaut automatisch zu dem »lebendigeren« Streifenmuster. Die Streifentafeln gibt es in Abstufungen von sehr breit bis ganz fein. Je enger die Streifen aneinanderliegen, umso mehr ähnelt das Muster der Graufläche, das heißt, irgendwann wird nicht mehr zwischen Streifen und der grauen Fläche unterschieden, die Augen des Babys schweifen ab, es ist uninteressant geworden. Aufschlussreich ist, ab welcher Streifendichte das Baby das Muster nicht mehr von der Graufläche unterscheiden kann. »Preferential looking« wird dieser Test genannt. Übersetzt: vorzugsweises Sehen.

Dieser Reflex, diese automatische Ausrichtung auf das, was auffällt, ist äußerst sinnvoll und überlebenswichtig: Das Besondere könnte gefährlich sein, ich muss es in den Blick nehmen, damit ich angemessen reagieren kann. Diesem Reflex können wir uns kaum entziehen. Schauen wir auf eine weiße Fläche mit einem schwarzen Punkt, schauen wir automatisch auf diesen Punkt. Schauen wir in den Himmel und ein Flugzeug kreuzt, so nehmen wir es nicht einfach peripher wahr, sondern wir fixieren es. Man spricht deshalb auch von sogenannten Hinguckern, Dingen, die auffallen und die wir deshalb automatisch in den Blick nehmen: eine exotische Blume in einer Vase oder ein Accessoire, das ungewöhnlich ist, ein ausgefallenes Buchcover. Marketingstrategen machen sich daher genau diesen Reflex zunutze: Man bleibt mit den Augen daran hängen.

Auch Dinge in größerem Stil wie Monumente, besondere Bauwerke, fangen unseren Blick ein. Die Wahrzeichen – ein interessanter Begriff – einer Stadt sind ebenfalls solche Hingucker. Kaum einer kann sich beispielsweise dem Kölner Dom entziehen, vor allem, wenn man den Hauptbahnhof verlässt und unmittelbar vor dieser großen Kathedrale steht. Automatisch geht der Blick von unten nach oben bis in die gigantischen Turmspitzen – zumindest, wenn man den Dom zum ersten Mal sieht. Ich beobachte häufig das Staunen der Menschen: Sie halten inne. Andere, die täglich über die Domplatte gehen, würdigen ihn meistens keines Blickes mehr. So ähnlich geht es mir auch. Ich arbeite vis-a-vis des Domes. Anfangs konnte ich es gar nicht fassen, dass ich vom Fenster meines Arbeitsplatzes diesen Blick genießen kann, jetzt ist es normal geworden, nichts Besonderes mehr. Das ist schade! Das Staunen verflüchtigt sich, meine Augen kennen das Bild, gewöhnen sich daran.

Ich möchte aber wieder staunen, denn Staunen ist Ausdruck von Intensität und Lebendigkeit. In der Natur fällt uns das nicht schwer. Ein Sonnenaufgang ist immer wieder faszinierend. Aber auch eine besonders schöne Blume, ein Baum, der Gipfel eines Berges, die Weite des Meeres – das alles zieht unseren Blick an. Da werden wir so schnell nicht müde, zu staunen. Trotzdem gibt es die Tendenz, das als selbstverständlich hinzunehmen, wenn wir es immer wieder oder täglich sehen, weshalb unsere Aufmerksamkeit dann verblasst.

Wie kann ich das verhindern? Am Beispiel des Kölner Doms gelingt es mir durch eine Art Zoom-Effekt. Ich fixiere nur einen Stein in der Fassade, sehe ihn mir genau an, dann die Steine rundherum, dann wandert mein Blick ganz langsam nach oben und zur Seite, ich taste den Dom mit meinem Blick ab, sehe Ornamente, Figuren, Zacken und Türmchen und erfasse so, Schritt für Schritt, von klein nach groß den ganzen Dom – und bin neu beeindruckt! Unglaublich, dass solch ein Bauwerk überhaupt entworfen und dann auch gebaut wurde.

Auf diese Art und Weise kann ich eigentlich alles (wieder) entdecken, sogar einen einfachen Grashalm. Ich schaue mir ein winziges Detail des Grashalms an, sehe die Maserung, die feinen Adern, wandere mit dem Blick dann ein wenig nach rechts und links, sehe andere Grashalme, erfasse dann die ganze Wiese mit unendlich vielen Grashalmen – und keiner ist wie der andere. Ein Wunder! Vielleicht ist es der Blick eines Kindes, das alles zum ersten Mal verwundert und staunend anschaut. Juliana von Norwich, eine englische Mystikerin des 14. Jahrhunderts, hat diese Art zu sehen, nämlich im Kleinen das Große zu schauen, mit ihrer mystischen Spiritualität verbunden. Im Betrachten einer Haselnuss wurde ihr bewusst, wie wunderbar alles geschaffen ist, wie vollkommen und schön, und dass Gott aus Liebe Dinge erschafft und erhält. Eine Gotteserfahrung dank einer Haselnuss!

Das Größte ist für mich der menschliche Körper. Ich schaue auf meine Hand, betrachte einen winzigen Punkt auf der Haut und mache mir klar, wie viele Zellen diesen kleinen Punkt ausmachen. Dann lasse ich meinen Blick weiterwandern über die ganze Hand, sehe die Adern auf dem Handrücken, die sich unter der Haut abheben, schaue auf meinen Arm und erfasse den ganzen Körper. Es wird mir ganz schwindelig, wenn ich mir vorstelle, wie viele Zellen miteinander verbunden sind und ununterbrochen ihre Arbeit tun, und das gilt nicht nur für die Zellen der sichtbaren Haut, sondern auch für die im Inneren unseres Körpers, die der Organe, des Gewebes und unseres Gefäßsystems. Erst wenn etwas in diesem wahnsinnig komplexen System nicht mehr funktioniert, werden wir aufmerksam und sehen genauer hin. Auch ohne Beschwerden sollten wir öfters staunend und dankbar hinschauen – und sei es nur für einen Augenblick.

»Augenblick mal!« sagen wir auch, wenn wir ein Foto machen und damit den Moment festhalten wollen. Dank Handy ist dies leicht möglich: Selfies, die Familie, Freunde, schöne Landschaften, all das Beeindruckende, das uns begegnet und das wir nicht vergessen wollen. Allerdings kann man manchmal den Eindruck gewinnen, dass die Fotos wichtiger sind als die Realität, als die tatsächliche Situation. Dann hat es den Anschein, dass wir überhaupt nicht mehr richtig hingucken, sondern denken: Hauptsache fotografieren und abspeichern.

Bei meinem ersten Aufenthalt in Indien wollte ich unbedingt die Eindrücke festhalten, die ich nach meiner Ankunft in Bombay und auf der Weiterreise nach Goa sah. So viele bunte, verwirrende Bilder, ich war überwältigt. Damals war das Fotografieren noch eine aufwendige Angelegenheit: Kamera mit dem passenden Objektiv, Film einlegen. Da man mit einem Film im höchsten Fall 36 Bilder schießen konnte, musste man auch darauf achten, wie viele Fotos man noch übrig hatte, die Motive also wohlüberlegt auswählen. In unserer Unterkunft in Goa wollte nach ein paar Tagen Brian, der süße kleine Sohn unserer Vermieter,

Augenblicke

nachschauen, wie die Fotos wohl geworden waren, und öffnete die Rückseite des Apparats … Damit waren 36 Bilder, 36 Eindrücke voll belichtet und somit ausgelöscht, einfach für immer weg. Ich war verzweifelt und untröstlich. Natürlich könnte ich auf meiner Rückreise wieder Fotos in Bombay machen, aber das war nicht das Gleiche! Nachdem ich mich gefasst hatte, wurde mir klar: Es blieb mir nichts anderes übrig, als diese ersten Eindrücke einfach gut in meiner Erinnerung abzuspeichern – nicht auf Fotos, sondern nur in den Bildern, die es in meinem Kopf dazu gab. Heute stelle ich fest, dass diese Eindrücke in mir nach wie vor sehr lebendig und abrufbar sind, vielleicht gerade, weil ich keine Fotos davon habe. Eventuell ist es sogar gut, Bilder quasi auswendig zu lernen und nicht nur zu wissen, in welchem Album bzw. wo im Handy sie zu finden sind. Und vielleicht ist es sogar gut, wählerischer zu werden, nicht alles und jedes zu fotografieren, sondern nach dem Motto »weniger ist mehr« genauer hinzuschauen und sich zu fragen: Was will ich wirklich festhalten, was ist mir wirklich wichtig, wann ist der Ausruf »Augenblick mal!« stimmig und berechtigt? Die Flut an Bildern, die Tausenden von Fotos, die wir machen, drücken eher Beliebigkeit aus als Wertschätzung. Natürlich ist bei so vielen Fotos die Chance größer, dass gute Bilder dabei sind. Aber machen wir uns die Mühe, sie überhaupt noch einmal anzuschauen und auszuwählen, welche wir wirklich behalten möchten?

Eine kleine Anregung: Schauen Sie sich doch noch einmal Ihre vielen Fotos an. Vielleicht können Sie ein »Bild des Monats« oder ein »Bild der Woche« auswählen und dieses dann ausdrucken, aufstellen, in einer schönen Schachtel oder einem Album aufbewahren. Solche Bilder, in denen sich besondere Momente spiegeln, können wie kostbare Perlen sein, die – im wahrsten Sinn des Wortes – anschaulich machen, wie wertvoll das Leben ist und wie viele gute oder bedeutsame Momente es bereithält.

Und dann gibt es Fotos, die wir nicht selbst gemacht haben, sondern die »um die Welt gehen«. Da hat jemand etwas in den Blick genommen und festgehalten, das so besonders ist, so ungewöhnlich oder berührend, dass jeder Mensch hinguckt und augenblicklich betroffen ist. Für mich ist ein solches Foto das, auf dem der syrische Musiker Aeham Ahmad zu sehen ist. Er spielt Klavier inmitten der Trümmer von Jarmuk, einem Stadtteil von Damaskus. Das Klavier hat er auf die Straße geschoben, um den Bewohnern des Viertels Mut zu machen. Seine Musik tröstet, fördert Gemeinschaft, Kinder kommen, hören zu. Das alles findet seinen Ausdruck in diesem besonderen Bild. Und man möchte mehr wissen: Wer ist dieser Mann, was ist aus ihm geworden? Wo ist er jetzt? Das Bild schockiert und tröstet, gibt Hoffnung bei aller Verzweiflung. Bilder haben also auch immer eine Botschaft – eine schreckliche oder eine schöne –, in jedem Fall rütteln sie wach, lassen uns zumindest einen Augenblick lang aufmerken und im besten Fall lassen wir uns nachhaltig beeindrucken.

Des Weiteren gibt es Bilder, die Geschichte schreiben, zum Beispiel Neil Armstrong, der als erster Mensch den Mond betritt – als bleibender Eindruck im Bild festgehalten.

Manchmal ist es aber auch so, dass wir gerade kein Foto machen von einem Moment, der uns sehr berührt, die Aktivität des Fotografierens würde diesen besonderen Augenblick zerstören. Dieser Moment muss mit unserer ganzen Präsenz erlebt werden – und als Bild der Erinnerung bewahrt werden.

»Augenblick mal!«– ein Aufruf, der auffordert, innezuhalten, kurz, eben nur einen Augenblick lang, um sich einen Moment auf etwas zu konzentrieren. Wir unterbrechen das, was wir gerade tun, und richten unsere Aufmerksamkeit neu aus. Aus einem schweifenden wird ein zielgerichteter Blick. Solche Augenblicke des Innehaltens sind wertvoll, weil wir in diesem Moment ganz wach und bewusst sind. Der Alltagstrott mit seinen Automatismen wird unterbrochen, die volle Aufmerksamkeit liegt auf diesem Moment. Diese Wachheit kann mich vor einer Gefahr schützen, kann Fehler verhindern, kann mir klar machen, welche Richtung ich einschlagen sollte und welche Entscheidung zu treffen ist. Insofern ist dieses »Augenblick mal!« mit einem Gongschlag vergleichbar, der mich aufweckt.

Manche Menschen lassen sich tatsächlich mehrfach am Tag per Wecker oder Handy erinnern, einen Augenblick lang innezuhalten, um den jetzigen Moment ganz bewusst zu erleben und sich in diesem kurzen Moment gewisse Dinge bewusst zu machen: dankbar zu sein für das, was einem geschenkt ist, zuversichtlich zu bleiben, weil man mit einem Problem nicht alleine ist. Oder sie nutzen die kurze Pause, um ein Gebet zu sprechen.

Einen Augenblick lang innehalten, um mich neu auszurichten.

Atempause

(Wieder) staunen lernen

Betrachten Sie die Dinge »von klein nach groß«, zoomen Sie Details heran und weiten Sie dann Ihren Blick. Entdecken Sie, wie alles miteinander zusammenhängt und verbunden ist.

Dazu ein Buchtipp: »Zoom« von Istvan Banyai. Auf der ersten Seite sieht man nur einen Hahnenkamm. Blättert man weiter, erweitert sich von Seite zu Seite der Horizont. Man sieht den ganzen Hahn, dieser lebt auf einem Bauernhof, der Bauernhof ist auf einer Zeitschrift abgebildet, diese Zeitschrift guckt sich ein Kind auf einem Schiff an, das Schiff ist Teil einer Reklame auf einem Bus, der Bus fährt durch eine Großstadt ... Auf der letzten Seite schaut man vom Weltall aus auf die Erde.

Von oben gesehen

Wenn Sie sich aufregen, ärgern oder sogar verletzt sind, hilft vielleicht folgende Vorstellung: Sie schauen aus dem All auf diese Erde, diesen schönen blauen Planeten, und irgendwo dort sind Sie, ganz winzig, zusammen mit vielen anderen Menschen.

Wie schauen Sie aus dieser Distanz auf Ihr Problem? Wie bedeutend ist es dann (noch) in Anbetracht dieser unendlichen Weite und dem, was tatsächlich wichtig ist?

Vielleicht machen Sie – genau wie ich – die Erfahrung, dass sich in Ihnen etwas entspannt, Sie ruhiger werden und sich neu ausrichten können.

Faszination Auge

Während wir etwas anschauen und fixieren, sehen wir gleichzeitig tausend andere Dinge in unserem Gesichtsfeld, allerdings deutlich unschärfer. Wäre alles gleich scharf, würde uns das überfordern und die Fixation, die Konzentration auf das, was wir anschauen wollen, wäre gestört. Das Gesichtsfeld schließt alles ein, was wir sehen, ohne den Kopf oder die Augen zu bewegen.

Wir brauchen ein intaktes Gesichtsfeld zur allgemeinen Orientierung im Raum. Sind für das zentrale Sehen, wie schon beschrieben, die Zapfenzellen erforderlich, liegen in der Netzhautperipherie die Stäbchenzellen, ca. 120 Millionen an der Zahl.

Während die Zapfen für das Farbensehen erforderlich sind, registrieren die Stäbchen hell und dunkel. Es sind empfindliche Lichtsinneszellen, die auch bei gering vorhandenem Licht Reize an das Gehirn weitergeben. Mit ihnen sieht man also besser in der Dunkelheit als mit der zentralen Stelle der Netzhaut. Deshalb sehen wir auch die Sterne am dunklen Himmel besser, wenn wir sie nicht direkt anschauen, sondern knapp an ihnen vorbei. Dann werden nämlich die Sterne nicht in der Makula, also dem Fixationszentrum der Netzhaut, abgebildet, sondern in der Peripherie, wo die lichtempfindlicheren Stäbchen für ein besseres Sehen bei Dunkelheit sorgen.

Die Kraft der Bilder

»Wir haben verlernt, die Augen auf etwas ruhen zu lassen«, so las ich in einer Zeitschrift zum Thema »Zeit«. Damit sich Bilder einprägen, muss der Blick auf etwas verweilen können. Dann entfalten sie ihre Kraft. In unserer schnelllebigen Zeit kommt das tatsächlich immer seltener vor. Schauen wir uns einen Film aus den Fünfzigerjahren an, finden wir die Einstellungen oft langatmig, die Kamera zu lange auf ein und dasselbe gerichtet. Wir werden dahingehend trainiert, dass alle unsere Sinne möglichst viel in immer kürzerer Zeit aufnehmen: möglichst viel hören und mitbekommen, viel schmecken – exotische Gerichte aus aller Welt, damit es nicht langweilig wird – und eben auch möglichst viel sehen. Natürlich gibt es die Gegenbewegung des »Simplify« – weniger ist mehr – und des »Slow« – zum Beispiel »slow travel« und »slow food« –, aber sie sind doch die Ausnahme. Belohnt und bewundert werden Vielseitigkeit und Schnelligkeit.

Heute lachen wir über die Empfehlung der Mediziner, als die Eisenbahn erfunden wurde und man

Menschen empfahl, nicht schneller als 30 Stunden-kilometer zu fahren, ansonsten würde sich eine Ge-hirnerkrankung einstellen – ein »Delirium furiosum«! Diese Befürchtung hat sich nicht bestätigt, und somit stand der Entwicklung zu immer mehr und immer schneller nichts mehr im Weg.

Lassen wir die Augen ruhen, bewegen wir uns also gegen den Trend. Es gelingt uns am ehesten in der Na-tur, weil Wald und Wiese, Blumen, Berge und das Meer selbst Ruhe ausstrahlen. Aber auch Museen schaffen Räume, in denen wir die Augen in aller Muße auf Bil-dern oder Objekten ruhen lassen können. Sie kön-nen wie Oasen im hektischen Alltag wirken. Haben wir einmal erlebt, wie wohltuend das Verweilen auf Bildern ist, wie viel Kraft sie uns geben und welche Gefühle sich dann überraschend einstellen können, möchten wir bestimmte Orte, sogenannte Kraftorte, nicht mehr missen.

Ich habe selbst einige solcher Kraftorte für mich ausgemacht. Einer davon ist Zürich. Ich erinnere mich: Kurz nach Ende meiner Ausbildung als Or-thoptistin habe ich die Möglichkeit, in einer Augen-arztpraxis in Zürich ein sechswöchiges Praktikum zu machen. In der Stadt fühle ich mich wohl, es ist Liebe auf den ersten Blick. Zürich ist gemütlich, Pro-fessor Lang, bei dem ich das Praktikum absolviere, auch, ein kleiner Mann mit rundem Gesicht, einem freundlichen Lächeln und wachen Augen, die alles sehr schnell erfassen.

Jeden Morgen fahre ich mit der Tram in die Innenstadt und freue mich auf den Tag, nicht nur auf die Zeit in der Praxis, sondern auch auf die Freizeit am Nachmittag. Ich gehe am Limmatkai entlang, setze mich in ein Café und genieße das Treiben auf der belebten Straße. Der Cappuccino ist sündhaft teuer, aber ich mache mir bewusst, dass ich nicht (nur) für den Kaffee bezahle, sondern für die ganze Atmosphäre, in der ich zur Ruhe komme, es tut meiner Seele gut. Ich beobachte die Menschen, die vorbeigehen, fühle mich merkwürdig eingebunden, fast zugehörig, und das, obwohl ich zugereist bin. Ich staune. Eigentlich ist es wie eine kleine Therapiestunde – und diese wäre um ein Vielfaches teurer! So gesehen ist der Cappuccino ein preiswertes Vergnügen. Man kann es eben so oder so sehen!

Anschließend gehe ich am anderen Ufer hinauf auf eine Anhöhe, eine urige Straße mit Kopfsteinpflaster, vorbei an einem Antiquitätengeschäft, und komme auf einen Platz. Kinder spielen unter Bäumen, ich setze mich auf eine Bank und sehe auf die Stadt, die dicken Mauern, die Kirchtürme. Mein Leben ist gerade ziemlich turbulent, und dieser Blick tut mir gut, diese dicken, stabilen Mauern, die beruhigenden Kirchtürme. Ich denke: Vieles im Leben schwankt und wankt, verändert sich, aber Zürich bleibt, gibt mir Halt und Geborgenheit. Dieser Blick hat Bestand, ich kann mich immer wieder hierhersetzen. Das hat etwas sehr Tröstliches.

Eine andere Erinnerung: Es ist mein dritter Aufenthalt in Assisi. Richard Rohr, der amerikanische Franziskanerpater, leitet zum wiederholten Mal ein mehrtägiges Seminar. Hier, in der Geburtsstadt des Heiligen Franziskus, erklärt er uns, was franziskanische Spiritualität bedeutet und welche Relevanz sie für unser Leben heute hat. Wir übernachten in der Citadella, einem Bildungshaus in der Altstadt von Assisi, das auf einer Anhöhe liegt. Von unserem Zimmer aus bietet sich ein wunderschöner Ausblick auf die hügelige Landschaft unterhalb der Altstadt von Assisi. In den Pausen zu allen Tageszeiten rücke ich mir den Stuhl auf unserem Balkon zurecht, um den Ausblick zu genießen: hellgraue Mauern im Vordergrund, größere und kleinere Kirchtürme, und in der Ferne eine liebliche Landschaft in hellgrün mit dunkelgrünen Pinien. Dazwischen ahnt man Straßen, da winzig kleine Autos sich durch das Bild bewegen. Ich denke: Hier könnte ich gut sterben, mit diesem Bild vor Augen! Das ist so verrückt: Ich?! Sterben in Assisi, einer Stadt, die ich kaum kenne, fern ab von zu Hause? Aber so ist es, die Aussicht aus diesem Zimmer schenkt mir einen tiefen inneren Frieden. Irgendwie bin ich versöhnt mit allem und habe das Gefühl, hier loslassen zu können – sogar mein Leben.

Eine dritte Erfahrung: In Travemünde schaue ich auf die Trave und betrachte die vorbeifahrenden Schiffe, riesig im Vergleich zu den kleinen Häusern an der Promenade, enorm breit im Vergleich zur Trave. Diese Kontraste faszinieren mich. Ich staune jedes Mal, immer wieder. Das Gleiten dieser großen Schiffe, die in den Hafen ein- oder auslaufen, beruhigt mich in besonderer Weise, zumal sie keinen großen Lärm machen. Die meisten fahren zwischen Schweden oder Finnland und Deutschland hin und her. Ich kenne ihre Namen: Nils Holgersson, Robin Hood, Peter Pan. Dass diese Schiffe regelmäßig morgens und abends pünktlich losfahren, schenkt mir auf merkwürdige Weise Sicherheit. Ich stelle mir vor, wie sie allmählich die Küste verlassen und bald mitten auf der Ostsee sind, in die Frische des Tages hinein oder in die Dunkelheit der Nacht fahren. Oder sie kommen von der Ostsee her und steuern Travemünde an, sehen den Leuchtturm und die Silhouette des »Maritim Hotels«, das ungewollte Wahrzeichen. Im Blick auf die Trave wird mir die Kraft des Wassers und die des Schiffes bewusst. Ich beobachte genau das Zusammentreffen beider Kräfte, wenn der Bug des Schiffes das Wasser teilt. Hier ist es die Ruhe in der Bewegung, die mir guttut.

Und noch ein vierter Ort: Rhöndorf ist ein kleiner Ort am Rhein, bekannt durch Konrad Adenauer, der hier gewohnt hat. Das Zentrum bildet ein kleiner Platz mit Brunnen, ein Pavillon, davor eine Wiese mit Blumen und – nicht zu vergessen – das traditionsreiche Café Profittlich. Frühmorgens, bevor etliche Wanderer den Ort bevölkern, herrscht eine wunderbare Stille an diesem Platz. Ein paar Bänke laden ein, ihn zu genießen – und das tue ich fast jeden Morgen. Mit einem Milchkaffee in der Hand gehe ich die paar Schritte von unserem Haus zu einer der Bänke und lasse mich nieder. Ja, es ist ein richtiges Niederlassen, da ich das Gefühl habe, den Boden dort wirklich als tragend zu erleben. Dann lasse ich meinen Blick auf den Fachwerkhäusern rechts im Blickfeld ruhen, auf den Lichtern des kleinen Hotels gegenüber, dem hellgrauen Rauch aus den Schornsteinen und den rosa angestrahlten Wolken. Die Sonne selbst braucht noch eine Weile, um über den Dächern zu erscheinen. Unmittelbar vor mir die Wiese mit dem Morgentau. Ich kann kaum fassen, wie schön das alles ist. Ich sehe nicht, ich schaue, es ist ein »beschaulicher« Ort. Und diese Beschaulichkeit vermittelt mir das Gefühl: Es kann mir eigentlich nichts passieren, ich bin aufgehoben, kann hier jeden Morgen neu Kraft tanken, Vertrauen schöpfen. Ich bin dankbar für dieses Geschenk, das direkt vor meiner Haustür zu finden ist. Das Gute liegt oft so nah!

Vor ihrem Tod möchten manche Menschen unbedingt noch einmal bestimmte Orte aufsuchen: noch einmal Venedig sehen, noch einmal in die Berge oder ans Meer, noch einmal vertraute Bilder aufnehmen. Das wiederholte Sehen verstärkt die positive Empfindung, es ergibt eine Resonanz im Inneren. Wenn wir um diese Zusammenhänge wissen, können Orte Wunder wirken. Ich denke, jeder Mensch hat solche Bilder von Orten, die ihm Kraft und Halt geben. Wir

Die Kraft der Bilder

müssen sie uns nur bewusst machen und uns Zeit nehmen, unsere Augen darauf ruhen zu lassen. Das Schöne an Bildern: Sie sind jedem zugänglich, Herkunft und Bildung spielen keine Rolle.

Bilder der Kraft sind nicht an Orte gebunden, sondern das Anschauen von Bildern, Gemälden, Fotografien kann den gleichen Effekt haben. Ein beliebtes Anfangsritual bei Kursen ist das Auswählen von Postkarten, deren Motive in irgendeiner Form mit dem Thema der Veranstaltung zu tun haben. Jeder Teilnehmer nimmt sich die Postkarte, die ihn anspricht. Es ist interessant, wie unterschiedlich die Wahl jeweils ausfällt und wie die einzelnen Teilnehmer sie begründen. Manchmal ist es das Motiv, manchmal sind es die Farben oder die Stimmung, die das Bild als Ganzes vermittelt.

Man kann diese Arbeit mit Bildern noch weiter vertiefen. Das »Zürcher Ressourcenmodell« ist ein Selbstmanagement- bzw. Coaching-Instrument, das die Kraft und Ausdrucksstärke von Bildern nutzt. Das Modell kommt zum Einsatz, wenn der Wunsch nach Veränderung besteht, nach mehr Lebensfülle und Zufriedenheit. Eine Vielzahl von Bildern dient als Grundlage, sich selbst auf die Spur zu kommen, Bedürfnisse und Wünsche zu erkennen und ein Konzept zu erstellen, wie das eigene Leben bereichert werden könnte. Ein Bild sagt eben mehr als tausend Worte! Und trotzdem ist es gut, Worte zu finden, die Bilder sprechen lassen, das heißt tatsächlich zu formulieren, was ein Bild in mir auslöst. Was ich benennen kann, wird mir bewusster, deutlicher, klarer.

In Bildern steckt eine enorme Kraft – im positiven wie im negativen Sinn. Denn manche überfordern auch, erschrecken oder sind einfach zu viel, wenn es zum Beispiel um Kriegsbilder und/oder Szenarien der Unmenschlichkeit geht. Dann kann ich nichts mehr aufnehmen. Aber auch im Alltag kann viel an Bildern und Eindrücken auf mich einstürmen. Wie wunderbar: Ich kann dann einfach die Augen zumachen! Wie wohltuend, sich nach einem langen Arbeitstag im Zug auf einen Sitzplatz fallenzulassen und die Augen zu schließen. Ende, aus – genug gesehen! Wir können entscheiden, ob wir sehen wollen oder nicht. Das funktioniert so mit den anderen Sinnesorganen nicht, denn die Ohren bleiben offen, ich kann sie nicht willentlich schließen, für die Nase gilt das Gleiche und den Tastsinn kann ich ebenfalls nicht willentlich beenden. Nur das Sehen kann ich unterbrechen, indem ich mühelos die Augenlider bewege. Offensichtlich ist das Sehen besonders schützenswert.

Die Kraft der Bilder

Was sind Kraftorte für mich? Was strahlen sie aus?

Welche Landschaften tun meinen Augen besonders gut? Welche Art von Museum reizt mich?

Was gibt es dort zu sehen?

Eine kleine Seh-Übung

Lassen Sie vor Ihrem inneren Auge ein wohltuendes Bild entstehen. Das kann das Bild eines realen Ortes sein, der Ihnen vertraut ist, oder ein Fantasiebild. Wichtig ist, dass Sie sich Zeit nehmen, um es zu betrachten, ob in der Realität oder in Ihrer Vorstellung. Je intensiver Sie das Bild betrachten, desto mehr spüren Sie vielleicht eine Resonanz, dass von diesem Bild etwas ausgeht, das Ihnen guttut. Sie können sich fragen:

Was schenkt mir dieses Bild?

Welche Ausstrahlung hat dieses Bild für mich?

Was verändert sich in mir, wenn ich es auf mich wirken lasse?

Faszination Auge

Neurologisch ist nachgewiesen: Bilder, die meine Augen tatsächlich sehen, und solche, die ich mir nur vorstelle, haben die gleiche Auswirkung, d. h. die neuronalen Prozesse im Gehirn sind identisch und sorgen deshalb für gleiche Gefühle und Befindlichkeiten.

Hingucken oder weggucken?

Was wir gesehen haben, ist nicht zu löschen, die Bilder bleiben in unserem Gehirn abgespeichert. An manche erinnern wir uns, an viele auch nicht. Und es liegt nicht allein in unserer Hand, welche Bilder wir vergessen und welche uns ein Leben lang begleiten, bei dieser Auswahl spielt das Unterbewusstsein eine große Rolle. Was ich gesehen habe, prägt mich, kann Entscheidungen für mein weiteres Leben beeinflussen. Deshalb die entscheidende Frage: Wo schaue ich hin? Welche Bilder nehme ich bewusst auf, welche bewusst nicht?

Bilder erweitern meinen Horizont, können ein Geschenk sein oder aber eine Bürde, je nachdem, wie ich sie interpretiere oder empfinde. Wenn ich Elend sehe, Armut oder Gewalt, kann mich das sehr belasten. Es kann aber auch gleichzeitig Kräfte in mir freisetzen, etwas dagegen zu tun. Es kann mich motivieren, mein Leben neu zu bedenken, dankbar zu sein für mein vergleichsweise privilegiertes Dasein und den Sinn meines Lebens neu zu definieren. So können Bilder, die schwer zu ertragen sind, am Ende manchmal etwas Positives bewirken.

Das gilt aber nicht nur für uns Menschen von heute. Es ist wohl etwas, das generell zum Menschsein dazugehört.

Eine solche Geschichte wird daher schon von Siddhartha Gautama erzählt, den viele eher unter seinem spirituellen Namen Buddha kennen. Er stammte aus einem indischen Adelsgeschlecht und ein Seher prophezeite den Eltern, dass das Kind ein bedeutender König würde oder ein großer Heiliger, falls er das Leid unter den Menschen erkennen würde. Die Mutter starb kurz nach der Geburt, der Vater wollte seinen Sohn als König sehen und ließ ihn deshalb nicht religiös unterweisen und sorgte dafür, dass er kein Leid zu Gesicht bekam. Er wurde verheiratet, war aber trotz (oder wegen) all der Pracht unzufrieden. So kam es, dass er mit 29 Jahren den Palast verließ und Ausfahrten in alle Himmelsrichtungen machte. Nun sah er überall Elend, Armut, Krankheit und Ungerechtigkeit. Er begegnete einem Asketen und beschloss, den gleichen Weg zu gehen, um einen Ausweg aus dem Leiden zu finden – ein kompletter Richtungswechsel, weil er neue Bilder gesehen hatte.

In unserer heutigen Zeit wird dieser Zusammenhang ebenfalls sichtbar: Dank der Medien können wir das Leid vieler Menschen unmittelbar sehen, sogar miterleben. Die Bilder von Krieg und Zerstörung rufen bei vielen Mitgefühl hervor, sodass sie spontan helfen, ihren Beruf dafür zeitweise aufgeben oder sich beurlauben lassen, um Hilfsangebote zu organisieren oder tatkräftig zu unterstützen. Nach der Flutkatastrophe im Ahrtal lernte ich in Ahrweiler ein Studentenpärchen kennen. Nachdem das ganze Ausmaß der Katastrophe sichtbar geworden war, wurde den beiden klar, dass ihr Leben an diesem Punkt eine andere Richtung einnehmen würde. Die Bilder der Zerstörung, die Verzweiflung in den Gesichtern der Menschen, ihre Hoffnungslosigkeit und Trauer, das alles hatte sie so berührt, dass sie beschlossen, ihre Masterarbeit um ein Jahr zu verschieben, um zu helfen. Sie gründeten den gemeinnützigen Verein »AHRche«, organisierten einen Treffpunkt, wo Betroffene Hilfe unterschiedlichster Art bekommen. Daraus wurde ein kleines »Dorf«, bestehend aus einem Gemeinschaftszelt, einem kleinen Tante-Emma-Laden, Wohnmobile zum Übernachten und tatsächlich einem Friseur! An alles war gedacht, auch an die Kinderbetreuung. Das Motto: »We AHR family«. Die beiden strahlten so viel positive Energie und Zuversicht aus, dass sowohl Betroffene als auch Helfer sich gerne im Zeltcafé einfanden – so eben auch ich. Jede Hilfe wurde gebraucht und es war für mich eine ganz besondere Erfahrung, mich einfach zur Verfügung zu stellen: Ich packte Weihnachtspäckchen, rückte Stühle für die Nikolausfeier und hörte einfach zu, was so manch einer zu erzählen hatte und loswerden wollte. Es war ein gutes Gefühl, etwas tun zu können. Auf Handzetteln wurde das Programm für die nächsten Tage angekündigt. Am Morgen des Heiligabend sollte um neun Uhr ein Gottesdienst stattfinden. Das machte mich neugierig. Mein Mann und ich fuhren also am 24.12. wieder hin. Im großen Zelt wurde eine Ecke als Kapelle umgestaltet, wurden Stühle in einem Halbkreis aufgestellt und Kerzen angezündet. Es gab ein kleines Vorbereitungsteam, eine Gruppe Jugendlicher aus einer Baptistengemeinde, die, wie man uns sagte, jeden Morgen hier beteten. Eine junge Pastorin hielt den Gottesdienst. Es wurde gesungen, Fürbitten wurden formuliert und in der Stille den eigenen Wünschen und Bitten nachgegangen. Tenor der Predigt: Wir schaffen diese Krise – gemeinsam! Wir sind nicht allein! Anschließend saß man ungezwungen bei Kaffee, Keksen und Stollen zusammen, bevor jeder wieder seiner Arbeit nachging, bevor dann abends Weihnachten gefeiert wurde. Durch die Anwesenheit der beiden Studenten, die von morgens bis abends ansprechbar waren, entstand eine mutmachende Stabilität. Die beiden haben ihre Auszeit vom Studium nicht bereut. Zu sehen, wie sich Niedergeschlagenheit in Hoffnung verwandeln kann, dass man auch wieder in lachende Gesichter sah und Schritt für Schritt die Not gelindert werden konnte, das waren Glücksmomente der besonderen Art. Es habe ihr Leben grundlegend verändert, so sagten die beiden. Wir fuhren an diesem Heiligabend gestärkt nach Hause, um am nächsten Tag mit der Familie in Detmold Weihnachten zu feiern – mit etlichen Flaschen Ahrwein im Gepäck. »We ahr/are family!«

Schöne und schwierige Bilder prägen unser Leben. Es gibt Zeiten, da überwiegt das Schöne, in anderen Zeiten das Schwierige. Wenn beides gleichzeitig auftritt, ist das verwirrend, weil es schwer ist, dann einen klaren Standpunkt zu finden. Aber so ist wohl das Leben: Es gibt selten ein »Entweder – oder«, sondern meist ein »Sowohl – als auch«. Dieser Zustand der Uneindeutigkeit ist manchmal schwer zu ertragen – aber er findet sich häufiger auch in unserem Alltag, als man auf den ersten Blick meint.

Wie nah beides zusammenliegen kann, ist mir beinahe jeden Tag bei meiner Reise nach Indien aufgefallen, fast schon vor Augen geführt worden. Bombay im Januar. Ein Schwall großer Hitze schlägt mir entgegen, als ich das Flughafengebäude verlasse. Ich suche ein Taxi. »32 Dollar und keinen Cent mehr. Du musst den Preis vorher festlegen«, hatte Tommi, indienerprobt, gesagt. Ich bin froh, dass ich einen vertrauenerweckenden Taxifahrer finde, handle 32 Dollar aus und steige erleichtert ein. Wir fahren Richtung Innenstadt. Darauf war ich nicht vorbereitet: Je näher wir der Stadt kommen, umso mehr Menschen überall. Sie wohnen am Straßenrand unter wackelig angebrachten Planen, dicht aneinander gedrängt, klapperdürre Bettler, Mütter, die auf dem Boden sitzen und ein Baby stillen, Kleinkinder, die umherlaufen. Sobald das Taxi zum Stehen kommt, drängen sich die Menschen an meine Fensterscheibe, wollen irgendetwas von mir. Hingucken oder weggucken? Ich schaue nach vorne, fixiere die schaukelnde Krishnafigur, die vom Rückspiegel des Fahrers herunterbaumelt. Bloß nicht weiter nach rechts und links gucken, denke ich mir – aber ich tue es doch. Ein unglaublicher Verkehr, Autos und Rikschas, die hupend und klingelnd rechts und links überholen.

Wir erreichen das Hotel im Zentrum, nahe dem »Gateway of India«. Ich bin völlig kaputt. Schlagartig ist es dunkel, es gibt keine Dämmerung. Tommi will mir etwas Gutes tun und lädt mich zum Barbecue-Abend ins 5-Sterne-Hotel »Taj Mahal« ein. Eine berauschende Kulisse. Ich möchte nicht gleich am ersten Abend viel Geld ausgeben. »Das ist ja das Tolle, das Ganze kostet nur ein paar Dollar«, sagt Tommi. Ich will trotzdem nichts essen, ein paar Straßen weiter liegen Menschen am Straßenrand und hungern. Ich möchte zurück ins Hotel und schlafen, die Eindrücke verarbeiten. Im Zimmer ist es schwül, ich öffne das Fenster. Sofort laufen Kinder zusammen, stellen sich vor das Fenster, tanzen, singen und wollen, dass wir ihnen Geld zuwerfen. Ich will ihnen einen Dollar geben. »Das ist viel zu viel«, meint Tommi, »die werden wir dann nicht wieder los«. Ich bin durcheinander, das ist wohl der sogenannte Kulturschock, der mir gerade zu schaffen macht. In Goa sei alles besser, versichert mir Tommi.

Am nächsten Tag gehen wir zum Hafen. Unglaubliches Tohuwabohu. Wir suchen unser Schiff, das uns nach Goa bringen soll. Wieder viele Menschen, es sind viel zu viele für dieses Schiff, denke ich. Jeder kämpft um einen Platz für die Nacht, breitet Decken auf dem Fußboden aus und markiert so den eigenen Raum zum Schlafen. Es gibt ein Deck mit Kabinen, aber wir haben nur Tickets für draußen. Ich schaue mich um, gehe eine Etage nach unten und sehe, dass Menschen noch weniger Platz haben als wir, keine Decke, keinen Schlafplatz, sie sitzen zusammengekauert. Hingucken oder weggucken? Auch hier wieder die krassen Gegensätze zwischen Arm und Reich, wie durch ein Brennglas fokussiert auf dieses Schiff. Ich frage mich, wie ich es vier Wochen in diesem Land aushalten soll, und ärgere mich über meine Naivität, mit der ich diese Reise angetreten habe.

In Goa ist tatsächlich alles anders. Anjuna Beach ist ein bezauberndes Stück Land, bilderbuchmäßig: Palmen, endloser Strand, weniger Menschen. Trotzdem gibt es kaum Privatsphäre, die Vermieter unserer kleinen Wohnung gesellen sich ständig unaufgefordert zu uns. Das sei hier so, meint Tommi. Er liest und übt sich im Bogenschießen, beides nicht mein Fall. Ich habe keine Ruhe, ein Buch zu lesen, weiß irgendwie nicht, wohin mit mir. Ich bin kein Strandmensch, die Hitze macht mich träge, übellaunig. In einem Artikel der Zeitschrift »Missio aktuell« hatte ich gelesen, dass es einen christlichen Ashram gibt, in dem Aussteiger, Drogensüchtige und Gestrandete aller Art unterkommen können. Betreut werden sie von einem Pater, der versucht, ihnen weiterzuhelfen. Der Ashram scheint ganz in der Nähe zu sein, eine Stunde Fußweg am Strand entlang, er sei nicht zu verfehlen, sagt man mir. Ich mache mich früh morgens auf den Weg und als ich ankomme, erkenne ich den Ashram sofort vom Bild in der Zeitschrift.

Eine Gruppe meist junger Leute sitzt im Kreis auf dem Boden, jeder mit einer Schale Porridge vor sich, schweigend, ich darf mich als Gast dazusetzen und schaue in die Runde. Gezeichnete Gesichter, Verzweiflung, Resignation, ausdruckslos. Hingucken oder weggucken? Einfach aufstehen und gehen? Ich sehe das Gesicht des Paters, ernsthaft, besonnen, freundlich. Was er wohl schon so alles erlebt hat? Es gibt nicht viel zu sagen, sondern eher zu beobachten.

Als ich mich auf den Rückweg mache, möchte mich John, der Koch des Ashrams, begleiten. Er habe den gleichen Weg. Mir ist etwas mulmig bei dem Gedanken, doch der Pater signalisiert mir, dass das okay sei, John mich beschützen wolle. Also gut. John springt in seinen Flip-Flops flink von Klippe zu Klippe, ich hinterher. Nach einer halben Stunde erreichen wir eine Erfrischungsbude, zwei klapprige Tische, vier Stühle. John besteht darauf, mir ein Getränk zu spendieren, und schon steht ein Glas mit undefinierbar grünlichem Fruchtsaft vor mir. Man soll in Lokalen und Bars nur aus ungeöffneten Flaschen ins Glas gießen, um zu trinken, ermahne ich mich selbst, aber ich bringe es nicht übers Herz, den Saft abzulehnen. Es schmeckt fürchterlich, doch ich trinke tapfer Dreiviertel davon aus, beobachtet von John, der glücklich strahlt. Auch dieses Gesicht schaue ich mir genauer an, entdecke auf den zweiten Blick eine Traurigkeit hinter dem Lächeln. Kurz vor Anjuna Beach biegt John landeinwärts ab, wo er zu Hause ist. So plötzlich wie er sich mir als Begleiter angeboten hatte, so schnell ist er auch wieder verschwunden. Er hebt kurz die Hand zum Abschied, lächelt noch einmal und ist dann weg. In mir bleibt eine merkwürdige Melancholie, dieses »traurige Lächeln« habe ich nicht vergessen.

Das wöchentliche Highlight in Anjuna ist der Flee-Market am Mittwochabend. Viele bunte Stände mit allerlei Krimskrams, Räucherstäbchen, Kleider, Hosen, Lederwaren, aber es bietet sich auch die Gelegenheit zu dealen, Haschisch und andere Drogen, mehr oder weniger öffentlich. Ich rauche nicht, bin deshalb in der Beobachterrolle. Irgendwann verlasse ich die Szene, mache einen Spaziergang, höre die Musik nur noch von Ferne. Endlich bin ich mal allein, ich setze mich auf einen Felsvorsprung, bewundere die hohen Palmen direkt am Meer, die weit in den dunklen, sternenklaren Nachthimmel ragen. Unglaublich schön. Das berührt mich so sehr, dass ich große Dankbarkeit spüre für diese intensiven Bilder.

Da ich über die Andheri-Hilfe Bonn ein Patenkind in Indien unterstütze, kommt mir die Idee, Sarasvati, so heißt das mittlerweile neunjährige Mädchen, zu besuchen. Ich hatte vorher schon mit der Andheri-Hilfe Kontakt aufgenommen und von meinen Plänen erzählt. Ja, dies sei möglich, ich solle rechtzeitig Bescheid geben, so sagte man mir. Also fahre ich eines Tages bzw. eines Nachts mit einem ratternden Überlandbus nach Bangalore. Der Bus kommt um halb fünf morgens an, alles ist noch dunkel, ich kann unmöglich um diese Uhrzeit im Bishops House klingeln. Also suche ich den Bahnhof und schlafe noch eine Runde auf einer Bank, den Brustbeutel mit Geld als Kopfkissen. Am späteren Vormittag besuche ich Sarasvati. Sie lebt außerhalb in einem kleinen Dorf. Sister Ivy, eine Nonne der engagierten Franziskanerinnen vor Ort, ist mir zur Seite gestellt. Sie lässt mich nicht aus den Augen, fürchtet, dass mir sonst irgendetwas passiert. Auch hier wieder keine Privatsphäre. Die scheint es in Indien nicht zu geben. Da Sarasvati musikalisch ist, habe ich ihr einen kleinen silbernen Notenschlüssel als Anhänger für eine Halskette geschenkt. Daraufhin wird sie aufgefordert, mir ein Lied vorzusingen. Ich sehe ihre Verlegenheit, aber auch ihren Stolz. Sie hat wirklich eine schöne Stimme. Anschließend soll die ganz Klasse Lieder für mich singen. Ich werde auf einen Platz in der Mitte verwiesen, komme mir vor wie ein hoher Staatsgast, und diese Sonderrolle ist mir nun doch sehr unangenehm. Es ist mir alles zu viel. Aber so ist es hier. Als Ausländer aus Europa genießt man ein großes Ansehen.

Völlig erschöpft, aber auch voller Eindrücke und wertvoller Bilder fahre ich nach Anjuna Beach zurück. Die Freundlichkeit, das ansteckende Lachen der Franziskanerinnen, Sarasvati und die Kinder, das alles werde ich nicht vergessen.

Ich sehe viel Elend in diesem Land, Ungereimtheiten, quirliges Treiben und stoische Ruhe oder eher lähmendes Aushalten? Ich sehe aber auch eine üppige Vegetation, unglaublich schöne, intensive Farben, Palmen, Sonnenuntergänge, reife Mangos, die mir das Wasser im Mund zusammenlaufen lassen, strahlende Frauen in bunten Saris, lachende Kinder, die mit wenig zufrieden sind, ins Gebet versunkene Menschen in Kirchen und Tempeln. Was bleibt in Erinnerung? Welche Bilder berühren mich nachhaltig? Wo schaue ich lieber weg? Was ist unerträglich? Welche Bilder motivieren mich, mein Leben zu verändern? Wie kann ich Ambivalenzen aushalten? Diese Fragen stellen sich mir tagtäglich – nicht nur in Indien.

Auf dieser Reise ist in mir die Erkenntnis gewachsen, dass es auch hier in Deutschland in meinem Leben Ambivalenzen gibt, die Ein-Sicht: Selten ist etwas nur gut oder nur schlecht. Es gilt, diese Spannung auszuhalten, gelassen zu bleiben, die Paradoxien stehenzulassen, anstatt sofort zu bewerten und einzugreifen.

Atempause

Wenn ich mich in meinem Leben umschaue:

Was waren schöne Bilder?

Welche Bilder sind mir als schwierig oder schwer im Gedächtnis geblieben?

Welche Ambivalenzen habe ich erlebt?

Gibt es Erkenntnisse daraus, die für mein Leben wichtig sind?

Faszination Auge

Unsere Augen werden von jeweils sechs Augenmuskeln bewegt – und zwar absolut synchron, sonst würden wir doppelt sehen! Zudem findet das Ganze in einer unglaublichen Geschwindigkeit statt.

Hin- und Weggucken vollzieht sich in einem Bruchteil einer Sekunde: Eine schnelle Augenbewegung, eine sogenannte Sakkade, dauert etwa eine Zehntelsekunde.

Ich sehe was,
was du nicht siehst

Das ist schon verrückt: Ich sehe die Wolken, du das Blau dazwischen. Ich sehe das lachende Kind, das dem Ball hinterherläuft, du die besorgte Mutter, die dem Kind über die Straße folgt, ich sehe das Gänseblümchen, du die ganze Wiese. Warum siehst du nicht, was ich sehe? Ich wünsche mir manchmal, dass wir das Gleiche sähen. Das Leben wäre einfacher – aber vermutlich auch langweiliger. Wir würden vieles nicht sehen, wenn der andere uns dafür nicht die Augen öffnete! Vier Augen sehen mehr als zwei – das ist wohl wahr!

Aber unterschiedliche Sichtweisen machen das Leben auch schwieriger. Wir haben nicht die gleiche Brille auf, schauen unterschiedlich »gefärbt« auf diese Welt, oder besser gesagt, wir filtern das heraus, worauf wir gewohnt sind zu fokussieren. Schön wäre es, einfach mal die Brillen zu tauschen, aber nichts ist schwieriger als das! Sichtweisen zu verändern, vom Standpunkt des anderen aus die Welt zu betrachten, das ist nicht leicht, müssen wir doch dazu unsere Position verlassen, unsere Brille absetzen, mit anderen Augen sehen. Das verunsichert, vertraute Sichtweisen geben Halt.

Unser gewohntes Sehen hat mit unserer Persönlichkeit zu tun, mit eingefahrenen Mustern und Prägungen. Sinn und Zweck von Persönlichkeitstypologien ist es, gerade auf diese unterschiedlichen Sichtweisen aufmerksam zu machen. Was habe ich gewohnheitsmäßig im Blick: das, was schiefläuft, oder das, was gelingt? Suche ich ständig die Zustimmung anderer, oder ist mir das völlig egal? Brauche ich Stimulanzen, aufregende, spannende Bilder, Abwechslung, damit es mir gutgeht, oder überfordern mich ständig wechselnde Bilder, Aktionen, Bewegungen? Sehe ich im anderen eher das Gute oder seine Schwächen? Und was sehe ich bei mir? Kann ich mich wahrnehmen mit all meinen unterschiedlichen Seiten? In der Bibel wird erzählt, dass es schwerfällt, den Balken im eigenen Auge zu sehen, aber leicht, den Splitter in dem des anderen übergroß wahrzunehmen. Es gibt unterschiedliche Sichtweisen, verzerrte Bilder, Augen, die sich auf Details konzentrieren oder auf Weitwinkel eingestellt sind. Unser Sehen ist subjektiv, es gibt deshalb nicht die *eine* Wahrheit, nicht die *eine* Wirklichkeit.

Aber welche Bereicherung, zusammen zu sehen, sich gegenseitig zu erzählen, was wir sehen, wie in dem Spiel: »Ich sehe was, was du nicht siehst«. Andere Blickwinkel und Perspektiven, unterschiedliche An-Sichten sind Segen und Fluch zugleich. Segensreich, wenn sie als Ergänzung und Erweiterung des eigenen Gesichtsfeldes angesehen werden, ein Fluch, wenn Rechthaberei und Differenzen unüberbrückbar sind, wenn wir es als Schwäche ansehen, von unserer Sichtweise abzurücken.

»Der Punkt der Anziehung ist der Punkt des Konfliktes«, so eine These, die in der Paarberatung im wahrsten Sinn die Augen öffnet für Schwierigkeiten, die immer wieder auftreten. Am Anfang einer Beziehung sind wir fasziniert von der Andersartigkeit des Partners, er oder sie lebt etwas, das ich nicht habe, nicht kann. Ich bin umtriebig, der andere strahlt eine enorme Ruhe aus – wie wunderbar! Ich bin der eher ängstliche Typ, der andere mutig und stark – wie toll! Im Lauf der Beziehung kann sich die Deutung »wie wunderbar!« umkehren, dann sehe in der ruhigen Person den trägen Langweiler und in dem mutig-starken Partner den übermütigen Draufgänger.

Ein Bespiel dafür, wie »fassungslos anders« der andere sein kann: Kurz nachdem ich meinen Mann kennenlernte, lud er mich zu einem Ausflug an den Plöner See ein. So fuhr ich voller Vorfreude von Bonn in den Norden. Wir hatten den ganzen Tag frei, bis auf ein kleines Treffen am Rand mit Pfarrerkollegen, das er nicht absagen konnte. Deshalb schlug er vor, ich solle mich schon mal in das nette Café am See setzen, er sei in einer halben Stunde dort. Ich machte noch einen kleinen Spaziergang, ging dann in das Café und bestellte einen Cappuccino. Ich schaute nach draußen auf die schönen Blumenkübel mit Tulpen und Vergissmeinnicht, es war Anfang Mai, Frühlingsgefühle, mir ging es richtig gut. Das änderte sich zunehmend, weil mein Mann nach einer Dreiviertelstunde noch immer nicht da war! Auch nach weiteren zehn Minuten war er nicht aufgetaucht. Ich malte mir Fürchterliches aus. Er wird mich doch nicht hier sitzenlassen und verschwunden sein? Wir kannten uns noch nicht so gut, aber das traute ich ihm nicht zu. Blieb nur der Gedanke, dass ihm etwas passiert sei. Eine Viertelstunde später war in meinem Kopf nur noch dieser eine Gedanke und ich bekam panische Angst. Kein Anruf auf dem Handy – er musste verunglückt sein! Kurze Zeit später betrat er das Café, entschuldigte sich kurz, es sei etwas länger geworden, so wäre das manchmal mit diesen Kollegen, aber er hätte ja gewusst, dass ich etwas zu lesen mit habe … Ich war fassungslos – und zu verliebt, um sauer zu sein! Die Erleichterung, dass er nun da war, versöhnte mich mit allem.

Für mich ist Zuverlässigkeit und deshalb auch Pünktlichkeit wichtig. Ich finde es ziemlich furchtbar, warten zu müssen, und tue auch alles, damit andere nicht auf mich warten müssen. Wenn ich mich dann doch mal verspäte, ist es mir schrecklich peinlich. Da ich dies auch von meinem Mann dachte bzw. erwartete, war in meinem Kopf nur dieser eine Gedanke, dass etwas Schlimmes passiert sein *musste*. Andere Gründe kamen mir gar nicht in den Sinn.

Mein Mann sieht so etwas lockerer, nimmt es nicht so genau, lässt sich leicht ablenken, verliert die Zeit etwas aus dem Blick und findet das auch überhaupt nicht schlimm (jedenfalls im privaten Umfeld). Unterschiedliche Sichtweisen! Meine strengen Zeitvorgaben erlebe ich manchmal wie ein Korsett – und deshalb möchte ich ein wenig die Sichtweise meines Mannes übernehmen. Er dagegen spürt, dass konkrete Absprachen und das Einhalten derselben förderlich sind. Deshalb bemüht er sich, mir an dieser Stelle entgegenzukommen.

Es gibt aber noch weitere »Divergenzen«. Diese zeigten sich, als wir anfingen, gemeinsam Kurse zu geben. Die Vorbereitung läuft nach dem immer gleichen Muster ab: Mein Mann hat die großen Ideen und den Gesamtentwurf im Blick, ich die Details, die Kleinarbeit, das Nächstliegende. Wir ergänzen uns gut in unserer Art, so die Rückmeldung nach den Kursen. Dass unsere unterschiedlichen Sichtweisen ein positives Ganzes ergeben, ist mühsam erarbeitet und keine Selbstverständlichkeit. Wir müssen über unsere unterschiedlichen Ansichten reden – immer wieder. Reden und zuhören – in einer vertrauensvollen Atmosphäre. Leichter gesagt als getan. Nicht umsonst gibt es so viele Ratgeber in Bezug auf Kommunikation. Aber die Arbeit lohnt sich! Ich möchte mir immer wieder bewusst machen: Der andere ist eine Bereicherung, durch seine Sichtweise erlebe ich die Welt vielfältiger. Es geht nicht um ein Besser oder Schlechter, sondern um ein wertfreies »Anders«.

Reden und Zuhören kann anstrengend sein. Manchmal weigern wir uns deshalb, es zu tun, vielleicht, weil es gerade einfach nur stressig ist, wir uns ärgern und deshalb nicht in der Stimmung sind, irgendetwas Konstruktives zustande zu bringen. Und das ist auch in Ordnung! Aber dann ist es gut, im Hinterkopf zu behalten, dass eine Aussprache ansteht und dass man sie auf einen günstigen Zeitpunkt vertagen sollte. Bei uns sind das Gespräche in einem Restaurant bei einem Glas Wein oder in einem gemütlichen Café. Zu Hause fällt es uns schwerer. Wir brauchen den Abstand vom häuslichen Umfeld. Das ist sicherlich für jeden anders. Gut, wenn man ein Gespür für den richtigen Moment im richtigen Ambiente entwickeln kann.

Es ist nicht nur interessant, von sich und den eigenen Sichtweisen zu erzählen, sondern auch, zu erfahren, wie der andere mich sieht. Selbst- und Fremdwahrnehmung machen deutlich, dass es Diskrepanzen geben kann zwischen der eigenen Einschätzung und dem Blick von außen. Da kann Erstaunliches zutage treten. Wir denken oft: So, wie ich mich sehe, sehen mich auch die anderen, so, wie wir uns sehen, sehen uns auch die anderen. Es kann einem im wahrsten Sinn die Augen öffnen, diese Annahme zu hinterfragen. Wir können uns selbst nicht von außen betrachten – das können nur die anderen. Es sei denn, wir sehen uns im Nachhinein auf einem Foto oder im Video. Hierzu fällt mir eine Erfahrung ein, die ich nicht vergessen werde: In einem Rhetorikkurs wurden wir in einem Zweiergespräch gefilmt. Es ging um Ausdruck und Körpersprache. Als ich das Video anschließend ansah, war ich entsetzt! So schnell spreche ich?! So hektisch bewege ich mich?! Das war mir nicht bewusst. Nun war mir im Nachhinein der Spiegel vorgehalten worden. Meine Freundin, ebenfalls Kursteilnehmerin, fand meinen »Auftritt« gut, für sie spiegelte es zugewandtes Verhalten im Sinn eines aktiven Zuhörens. Wenn es nun schon im äußeren Erscheinungsbild Diskrepanzen zwischen Selbst- und Fremdwahrnehmung gibt, so wird dies bei inneren Qualitäten nicht anders sein. Da schätzen vielleicht andere Eigenschaften an mir, die ich gar nicht sehe – oder stören sich an bestimmten Verhaltensweisen, derer ich mir gar nicht bewusst bin oder die ich nicht wahrhaben will. Wir alle schauen durch eine bestimmte Brille und nehmen unterschiedlich wahr. Wie durch einen speziellen Filter sehen wir uns selbst und die Welt da draußen. Dieser hat mit unseren Einstellungen zu tun, mit unseren Werten und worauf wir gewohnheitsmäßig unsere Aufmerksamkeit richten.

Da gibt es beispielsweise die »Brille der Kritik«. Menschen, die eine solche auf der Nase tragen, haben einen hohen Anspruch und erkennen sofort, was falsch läuft, was man besser machen hätte können, wo die Fehler liegen. Mit dieser Brille sehen und bewerten sie sich und andere. Für sie ist Perfektion ein erstrebenswertes Ziel. Oder die »Brille der Gefahr«. Menschen, die durch diese Brille sehen, sind vorsichtig, ängstlich, weil sie, bewusst oder unbewusst, überzeugt sind, dass überall Gefahren lauern. Sie zweifeln leicht an sich und anderen, brauchen Sicherheit und Kontrolle. Vertrauenswürdigkeit ist ein hoher Wert. Oder die »Brille der Resonanz«. Für Menschen, die die Welt in dieser Weise betrachten, steht die Beziehung im Mittelpunkt. Wichtig ist, von anderen gemocht und verstanden zu werden. Dafür sind sie bereit, viel zu tun. Die Aufmerksamkeit geht von mir weg zum anderen hin, weil mir die Verbindung so wichtig ist.

Diese Bespiele sollen verdeutlichen, dass wir in verschiedenen Welten zu Hause sind, Dinge sehr unterschiedlich wahrnehmen. Das wird im engen Miteinander, in der Familie oder Partnerschaft besonders deutlich.

»90 Prozent unserer Wahrnehmung stammt aus der inneren Verarbeitung, aus unseren Prägungen und internalisierten Bildern, Rollen und Werten. Neurophysiologisch fein säuberlich abgebildet und synaptisch verschaltet, werden sie unendlich oft abgerufen, repräsentieren sie sich bis in jede unserer Sinneswahrnehmung. Deshalb gibt es von einer Situation immer zwei Wirklichkeiten«, so Friederike von Tiedemann, Psychologin und Lehrtherapeutin für systemisch-integrative Paartherapie. Weil wir oft gegensätzliche

Sichtweisen vertreten, debattieren wir, streiten wir uns und fühlen uns leicht verletzt.

Es braucht Zeit, Ruhe und Ausdauer, so die Therapeutin, und eine wohlwollende Haltung, echtes Interesse und Offenheit, damit trotz Unterschiedlichkeit eine verbindliche Beziehung gelingt. Dabei gilt es zu akzeptieren, dass ich den anderen nicht verändern kann. Es ist gut, die Gemeinsamkeiten wertzuschätzen, aber Unterschiedliches auch sein lassen zu können.

Atempause

Bin ich bereit, meine Sichtweise zu hinterfragen?

Sehe ich es als eine Stärke, an meiner Sichtweise festzuhalten?

Bin ich bereit, die Sichtweise des anderen nachzuvollziehen – auch wenn ich sie nicht teile?

Ist für mich das Glas halb voll oder halb leer?

Was habe ich eher im Blick, die Fülle oder die Leere?

Übung Selbst- und Fremdwahrnehmung

Wie würden Sie sich beschreiben (vergeben Sie für jede Eigenschaft 0 bis 10 Punkte): hilfsbereit, erfolgreich, empfindsam, zurückhaltend, zuverlässig, vielseitig, stark, ruhig, gewissenhaft (Sie können viele weitere Eigenschaften wählen und aufschreiben).

Nun bitten Sie einen guten Freund, Sie einzuschätzen (also Ihnen für jede Eigenschaft Punkte zu geben).

Welche Diskrepanzen tun sich auf? Erstaunt Sie etwas davon oder fühlen Sie sich anders gesehen, als Sie sind? Haben Sie eine Idee, was der Grund dafür sein könnte?

Faszination Auge

Wir haben zwei Augen und sehen trotzdem nur ein Bild, weil die Bilder beider Augen im Gehirn verschmelzen, fusioniert werden. Dennoch gucken die Augen aus unterschiedlichen Perspektiven auf ein Objekt – und nur deshalb ist Tiefenschärfe möglich. Wenn man daraus etwas fürs Leben ableiten will: Nur wer aus unterschiedlichen Perspektiven auf die Dinge schaut, kann tiefer sehen, kann ihnen auf den Grund sehen.

(Optische) Täuschungen und Enttäuschungen

Unsere Augen lassen sich täuschen. Ein interessantes Phänomen, zeigt es doch, dass nicht nur die reine Optik entscheidend ist, sondern vor allem auch Erfahrungswerte.

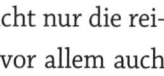

Die oben gezeigte Täuschung wird nur aufgedeckt, indem man ein Lineal anlegt und dann erkennt, dass die Linien tatsächlich gleich lang sind. Das Lineal ist der Beweis, vorher können wir es kaum glauben. Das Lineal ent-täuscht, entlarvt die Täuschung. Das Auge sieht hier »optisch korrekt«, aber die Interpretation des Gesehenen stimmt nicht. Die Realität und das subjektive Empfinden stimmen nicht überein. Das meint Täuschung: Ich halte etwas für wahr, das so nicht stimmt.

Die größte Enttäuschung ist vielleicht, dass wir uns überhaupt täuschen können, das heißt, dass wir nie sicher sein können, dass es wirklich so ist, wie wir es sehen. Das betrifft alle Bereiche unseres Lebens: Beziehungen, Berufswahl, eigentlich alles, wozu wir uns entschieden haben. Unsere Vorstellung oder Erwartungen werden nicht erfüllt. Wir malen uns etwas aus, das heißt, wir haben innere Bilder davon, wie etwas sein sollte, aber die Realität ist eine andere. Das geht oft mit Verletzungen einher, wenn wir beispielsweise in Beziehungen unterschiedliche Erwartungen haben und dann enttäuscht werden.

Nun ist es ja eigentlich gut, wenn die Wahrheit ans Licht kommt und die Dinge gesehen werden, wie sie wirklich sind. Wenn ich etwas idealisiert habe, erkenne ich nun, dass ich dabei wohl die »rosa Brille« aufhatte. Wenn ich einem Menschen etwas nicht zugetraut habe, dieser mich aber nun eines Besseren belehrt, dann ist die Ent-Täuschung eher eine positive Überraschung und ich kann diesen Menschen endlich sehen, wie er wirklich ist.

Meistens sind Enttäuschungen aber negativ besetzt. Solange es dabei nur um Dinge oder Ereignisse geht, die ich mir gewünscht habe, ist das oft auch schmerzhaft, aber in der Regel gut zu verkraften. Wenn wir uns in Menschen getäuscht haben, geht der Schmerz tiefer. Das liegt sicher auch daran, dass eine solche Enttäuschung nicht nur mit dem anderen zu tun hat, sondern auch mit mir selbst. Ich muss mich fragen: Habe *ich mich* getäuscht oder hat der *andere mich* getäuscht? Meist geht es aber dabei nicht um bewusste Prozesse, sondern schlichtweg um unvollständige Bilder, die wir vor unserem geistigen Auge zu einem Ganzen ergänzt haben.

Ein Beispiel: Ich besuche den Kurs eines von mir hochgeschätzten spirituellen Autors. Er strahlt Gelassenheit, Ruhe und Weisheit aus. Aber nun, bei diesem Kurs, der nicht zum ersten Mal stattfindet, erlebe ich ihn als aufbrausend, wenn irgendetwas nicht funktioniert. Außerdem neigt er dazu, seine Ideen und Vorschläge gegen den Willen der Gruppe durchzusetzen. Das überrascht mich, ich bin enttäuscht. Der verehrte Autor wird von dem Podest, auf das ich ihn gestellt hatte, heruntergeholt. Plötzlich ist er ein Mensch wie du und ich, mit Stärken und Schwächen. Eigentlich eine heilsame Enttäuschung, wird doch deutlich, dass wir uns nun auf Augenhöhe begegnen können. Trotzdem schätze ihn noch immer sehr.

Menschen tragen Masken, um sich zu schützen. Ich setze ein freundliches Lächeln auf, obwohl mir zum Heulen zumute ist, ich möchte das aber nicht zeigen. Ich gebe mich selbstbewusst, schaue forsch in die Runde, aber fühle mich eigentlich klein und ohnmächtig. Der andere wird getäuscht. Wir schätzen Menschen in ihren Gefühlen und ihrer Persönlichkeit häufig nach ihrem Gesichtsausdruck ein – und können uns darin sehr täuschen. Ich erinnere mich an das Gesicht eines Terroristen, aber auch von Amokläufern oder Persönlichkeiten des Hitler-Regimes, die »harmlos« aussahen, vielleicht sogar vergeistigt, intellektuell, und die so gar nichts von einem skrupellosen und brutalen Mörder hatten – als ob man das einem Menschen vom Gesicht ablesen könnte. Aber auch hier gilt wieder: *Ich* sehe diese Menschen so, mit meinen Augen, ein anderer sieht sie vielleicht anders. Es ist meine Täuschung. Sehen ist subjektiv, es gibt keine objektiv messbare Wahrheit. Wir können kein Lineal anlegen, das uns die Wahrheit präsentiert.

Die eine Wahrheit gibt es nicht, es hängt von unserer Perspektive ab, von dem, was wir sehen, und das ist selten vollkommen umfassend. Unvollkommene Bilder täuschen uns. Die berühmten zwei Seiten einer Medaille kann man eben nur sehen, wenn man diese Medaille herumdreht und die Betrachtungsweise ändert.

Wie gehe ich nun mit Enttäuschung um? Es hilft nicht, Schmerz und Trauer über die Enttäuschung zu verdrängen, sondern es braucht stattdessen die Fähigkeit, neue Bilder zu entwerfen – und ihnen wieder zu vertrauen. Wenn ein Berufswunsch nicht in Erfüllung ging, wenn die Beziehung in die Brüche gegangen ist, der Kinderwunsch nicht in Erfüllung ging, Lebensentwürfe nur Entwürfe blieben, aber nie Wirklichkeit wurden. Kann ich glauben, dass es Alternativen zu meinen Vorstellungen gibt, dass es mehr als nur einen Lebensentwurf für mich gibt? Bin ich offen für Neues, für Überraschendes? Das Leben scheint oft nach uns unbekannten Spielregeln zu verlaufen und je älter wir werden, desto deutlicher steht uns vor Augen, dass wir vieles eben nicht »machen« können, sondern dass wir uns diesem Spiel einfach anvertrauen, einfach mitspielen müssen. Manchmal ist es ein bisschen wie bei »Mensch-ärgere-dich-nicht«: Man wird einfach rausgeworfen, obwohl man doch schon so weit gekommen war. Dann fängt man eben wieder von vorne an. Und dann stellen wir vielleicht mit Erstaunen fest, dass sich vieles trotz dieser Enttäuschung gut gefügt hat, ganz ohne unser Dazutun. In diesem Sinn gibt es auch positive Ent-Täuschungen!

Aber wie komme ich zu einem solchen Neuanfang? Wie gelingt es mir, die Enttäuschung zu verarbeiten und sie als das zu sehen, was sie ist: Eine Ent-Täuschung, also das Begreifen, dass ich mich geirrt habe, dass ich auf dem Holzweg war? Eine menschliche Fähigkeit hilft uns wesentlich weiter in solchen Momenten: die Perspektive wechseln zu können. Es erweitert meinen Horizont, da neue Sichtweisen möglich werden.

»Wenn du nach Lösungen suchst, verändere deine Perspektive!«, ist die Kernaussage des Buches »Die Welt mit anderen Augen sehen« von Markolf H. Niemz. Als Physiker bezieht er diesen Satz zunächst auf die Naturwissenschaft, führt den Gedanken aber weiter aus, überträgt ihn auf Philosophie und Spiritualität. An verschiedenen Beispielen zeigt er, dass es immer zwei verschiedene Perspektiven auf dieselbe Wirklichkeit gibt. Und beide Perspektiven sind wahr! Es gibt kein »Entweder – oder«, sondern es gilt ein »Sowohl – als auch«. Wenn wir uns weiterentwickeln wollen, müssen wir immer beide Perspektiven in den Blick nehmen. Auch ohne Wissenschaftler zu sein, erscheint mir das einleuchtend. In einem Konflikt beispielsweise ist es selten förderlich, wenn ich auf meiner Sichtweise beharre und unfähig bin, die Perspektive des anderen einzunehmen. Wenn aber dieser Perspektivwechsel von beiden Parteien vollzogen und dadurch ein gegenseitiges Verstehen möglich wird, öffnet sich ein Raum, in dem Neues entstehen kann.

Die Perspektive zu wechseln kann auch so etwas wie eine Lebenshaltung sein, die uns deutlich näher an die vielzitierte und gepriesene Gelassenheit bringt. Letztens ging es in einem Gesprächskreis um das Thema »Glück«. Eine Teilnehmerin meinte, sie sei eigentlich immer gut gelaunt, egal, was so passiert. Sie schien auch wirklich eine beneidenswerte Frohnatur zu sein und strahlte Leichtigkeit aus. Wenn etwas schwierig sei und ihr etwas in die Quere komme, sage sie sich: »Für irgendetwas wird es schon gut sein!« Ich stutzte. Das schien mir wirklich etwas zu einfach zu sein. Aber beim genaueren Betrachten ist dieser Satz äußerst hilfreich. Man geht einfach davon aus, dass es die andere Seite der Medaille gibt, und kalkuliert sie von Anfang an mit ein, auch wenn sie (noch) gar nicht zu sehen ist. Man vertraut darauf, dass es sie gibt. Was machte die Teilnehmerin so sicher in ihrem Vertrauen darauf, dass es diese andere Seite gibt? Viele Dinge, so sagte sie, hätten sich im Rückblick als gut und hilfreich entpuppt, obwohl es zunächst wie eine kleine oder auch größere Katastrophe erschienen sei. Das wurde durch Kopfnicken in der Runde bestätigt. Die Erfahrung hatten alle schon einmal gemacht. Der geplatzte Urlaub, wodurch eine ungeplante, neue Erfahrung Wirklichkeit werden konnte. Eine Kündigung, die Neuorientierung möglich machte und am Ende zu Erfüllung und Glück führte. Eine Krankheit, die zur Herausforderung wurde, sich zu fragen, was im Leben wirklich wichtig ist, was nach sich zog, die Prioritäten neu zu setzen.

Trotzdem wird sich mir nicht alles erschließen, Fragezeichen bleiben, manchen Schicksalsschlägen, manchem Kummer kann ich beim besten Willen nichts Positives abgewinnen. Aber das muss ich auch nicht. Wenn ich nichts mehr im Griff, die Kontrolle verloren habe, nichts tun kann und auch keine Erklärung finde, dann geht es manchmal »nur« noch darum, eine Situation durchzustehen und auszuhalten. Wenn es Kräfte gibt, die mich runterziehen, dann ist es gut, nach Gegenkräften Ausschau zu halten, die mich aufrichten. Was baut mich auf? Welche Menschen, welches Umfeld? Wofür lohnt es sich für mich – bei allem Leid – zu leben? Was macht mir Freude? Was ist mir wichtig? Welche kleinen Rituale verschönern meinen Alltag? Der erste Kaffee am

Morgen? Ein Musikstück während der Autofahrt, ein Blumenstrauß, den ich mir gönne? Ein Telefonat mit einer Freundin, die mich versteht?

Es sind eher die vielen kleinen Dinge im Alltag, die mich stärken, als ein großes Highlight in weiter Ferne, so meine Erfahrung. Ebenso frage ich mich: Was ist überflüssig, was muss ich mir nicht mehr antun? Was raubt mir Energie? Kämpfe ich gegen eine schwierige Situation an, obwohl ich weiß, dass es aussichtslos ist? Oder kann ich auch etwas sein lassen, zulassen? Wie viel Macht, wie viel Raum gebe ich dem Problem? Was kann ich abgeben? Wo erfahre ich Unterstützung?

Es kann hilfreich sein, den Bezugsrahmen zu erweitern, das meint, wenn ich an etwas Höheres, Größeres glauben kann, vielleicht an einen Gott, der mehr und weiter sieht als ich. Diesem Gott kann ich mich überlassen und darauf vertrauen, dass ich gehalten bin. Viele Menschen berichten, dass sie nur so die Kraft gefunden haben, Probleme zu bewältigen, Krisen durchzustehen und wieder Mut zu fassen. Gespräche mit solchen Menschen bauen mich auf, wenn ich selbst nicht glauben kann und nicht mehr weiter weiß.

Eine weitere optische Täuschung: Das Auge zeigt uns, wie subjektiv alles ist. Grau im Umfeld von Schwarz wirkt hell, Grau im Umfeld von Weiß wirkt dunkel:

Und das gilt ganz allgemein: Das Umfeld, der Kontrast ist entscheidend, im Vergleich, in Bezug zu etwas bewerten wir die Dinge. Wäre das Umfeld ein anderes, würden wir anders urteilen. Hierzu ein Beispiel, das sich vor unserer Haustür abspielt: Uns gegenüber, auf der anderen Straßenseite, steht ein kleines Haus. Quadratisch, praktisch, gut. Nun wurde vor einem Jahr das alte Haus daneben abgerissen und auf dem Grundstück zwei große, fast herrschaftliche Häuser gebaut, sehr edel, gediegen, großzügige Balkone, aufwendige Fassaden, da ist nicht gespart worden. Und das macht nun etwas mit unserem kleinen Haus. Es scheint regelrecht zu schrumpfen. Es sieht neben diesen neuen Prachthäusern tatsächlich nun sehr schlicht aus. Ich staune immer wieder über diese Sichtweise, die sich im letzten Jahr zunehmend mit der Fertigstellung der Nobelhäuser einstellte.

Interessant ist auch das Ergebnis einer Untersuchung an der Harvard Universität aus dem Jahr 1998, in der es um den Zusammenhang von Lebensgefühl und Verdienst ging: Eine Person A verdient 4000 Euro monatlich. In ihrem Umfeld verdienen die meisten jedoch mehr. Eine andere Person B verdient 3000 Euro monatlich, während die Menschen in ihrem Umfeld nur 2000 Euro im Monat haben. Interessanterweise fühlt sich Person B wohler, ist glücklicher, obwohl sie weniger als A verdient. Doch weil sie vergleichsweise mehr verdient als die Menschen in ihrem Umfeld, stellt sich ein Überlegenheitsgefühl ein, das offensichtlich (den meisten!) guttut!

Warum ist das so? Alfred Adler, der Begründer der Individualpsychologie, geht davon aus, dass jeder Mensch aus einer Minderwertigkeit heraus nach Überlegenheit strebt. Ein Parameter von »oben« und »unten« ist das Geld, das wir zur Verfügung haben, bzw. das Gehalt, das wir monatlich verdienen. Insofern ist die Paradoxie im oben genannten Beispiel nachzuvollziehen. Über- bzw. Unterlegenheit spüren viele aber nicht nur in Bezug auf Geld und Besitz, sondern auch bezogen auf Talente oder die körperliche Fitness.

Ein Beispiel aus eigener Erfahrung: Kurz nach meiner Einschulung am Gymnasium befand die Sportlehrerin, ich solle am Leistungsturnen teilnehmen, da ich mit zu den besten Turnerinnen der Klasse zählte. Das Leistungsturnerteam war eine Gruppe, die außerhalb der Schulzeit nachmittags trainiert wurde. Zunächst war ich stolz darauf, merkte aber bald, dass ich hier die Schlechteste war. Freute ich mich auf die Sportstunde im Unterricht, so graute mir vor dieser Leistungsriege. Das Gefühl, im Vergleich zu den anderen deutlich schlechter zu sein, machte mir das Leben schwer. Da ich dies zunächst nicht zugeben wollte, ging ich eine Zeit lang weiter dorthin, bis ich den Absprung fand.

Das Problem ist, dass wir mit einer solch vergleichenden Perspektive immer jemanden finden, der entweder besser oder schlechter dasteht als wir selbst. Dennoch ist eine beliebte Methode, sich selbst aufzuwerten, die, andere abzuwerten.

Die Schwierigkeiten mit dem Vergleich betreffen aber nicht nur ein Über- oder Unterlegenheitsgefühl, sondern auch unsere Fähigkeit zu Empathie: Es fällt uns schwer, uns mit den notleidenden Menschen in den Krisengebieten der Welt zu vergleichen. Wir sind betroffen, wenn wir von Überschwemmungen hören, von Erdbeben und Krieg. Aber je entfernter das alles stattfindet, desto weniger berührt es uns. Es bildet nicht mein unmittelbares Umfeld, ich habe keinen unmittelbaren Vergleich. Den Menschen um mich herum geht es gut, so wie mir. Und diese »Kontrastlosigkeit« verhindert eine direkte emotionale Betroffenheit. Ich kann mir noch so oft sagen, dass ich enorm privilegiert bin im Vergleich zu diesen leidenden Menschen, aber wirklich spüren tue ich das oft nicht. Im Klagen über unsere alltäglichen Schwierigkeiten und Wiederfahrnisse erkennen wir meist selbst: Wir jammern auf hohem Niveau. Das stimmt! Weil unser ganzes Umfeld auf einem solchen Niveau lebt, ist schon jede Abweichung davon beklagenswert.

Doch was bringen uns diese Überlegungen, was machen wir mit der Erkenntnis, dass alles im Vergleich bewertet wird? Wenn man es kurzfassen will, ist das Ziel des Menschen, glücklich zu sein. Die Frage ist immer wieder: Wie gelingt das? Kann jeder Mensch dieses Ziel erreichen? Oder braucht es ein bestimmtes Umfeld? Bestimmte Gegebenheiten?

Glück zu empfinden hängt davon ab, wie ich mein Leben bewerte. Wenn ich es von bestimmten Verhältnissen und Gegebenheiten abhängig mache, dann ist mein Glück immer in Gefahr, denn diese Dinge können sich ändern. Ein Beispiel: Wenn mich die Überlegenheit gegenüber anderen glücklich macht, bin ich ständig in einem Zustand der Konkurrenz und muss aufpassen, meinen Status nicht zu verlieren. »Alle Not kommt aus dem Vergleich!« Ein wahrer Satz. Trotzdem können wir das Vergleichen kaum lassen, denn wir leben nicht auf einer einsamen Insel, es gibt immer ein Umfeld. So wie sich die Augen nicht dem Eindruck entziehen können, dass etwas hell erscheint in einem dunklen Umfeld (und umgekehrt), können wir uns kaum der Bewertung in Anbetracht der Verhältnisse um uns herum entziehen.

Doch noch einmal zurück zu dem Wunsch, glücklich zu sein. Im Englischen gibt es einen Unterschied zwischen den Wörtern *lucky* und *happy*. *Lucky* meint, Glück zu haben, auch in Bezug auf Wohlstand, *happy* dagegen meint, glücklich zu sein, im immateriellen Sinn. Leider unterscheidet die deutsche Sprache das so nicht voneinander. *Lucky* zu sein ist abhängig von Besitz, den ich glücklicherweise habe, aber auch schnell verlieren kann. Wir lassen uns (gerne) täuschen, wenn wir meinen oder die Werbung uns verspricht, dass materielle Güter uns zum Glück verhelfen. Auf einer recht oberflächlichen Ebene tun sie das auch – meist aber nur kurzfristig. Ein schnelles Auto kann beflügeln, ein schickes Kleid kann aufmuntern und sogar das Selbstbewusstsein steigern – Kleider machen Leute! –, ein paar gut laufende Aktien können beruhigen – aber machen sie auch glücklich?

Happy meint, glücklich zu sein, ohne haben zu müssen, meint die Dinge, die nicht messbar, aber lebensnotwendig für unser Glück sind: Freundschaft, Liebe, Verständnis, Mitgefühl. Genau diese Dinge sind auch nicht wirklich messbar. Natürlich kann man feststellen, der eine hat sehr viele Freunde, ein anderer weniger – und schon sind wir wieder im Vergleich. Aber jeder spürt, dass es nicht auf die Menge der Freunde ankommt, sondern auf die Tiefe der Beziehung. Meistens ist es sogar so, dass die Tiefe der Freundschaft mit steigender Freundeszahl abnimmt, weil Beziehungspflege Zeit kostet, und die hat nun mal jeder nur begrenzt zur Verfügung.

Wenn nun Freundschaft, Empathie und Anteilnahme die Parameter fürs Glücklichsein sind, folgt daraus, dass wir wirklich glücklich nur im Miteinander sein können, also in Verbindung mit anderen, in einem Beziehungsnetz. Die einen brauchen mehr davon, die anderen weniger, das ist aber keine Frage von Fülle und Mangel, sondern einfach durch das Naturell jedes Einzelnen bedingt.

Wenn wir uns nun die Beziehungsnetze in der Welt vorstellen, sind wir letztendlich alle miteinander verbunden und, global gesehen, auch alle voneinander abhängig. Deshalb können wir eigentlich nicht glücklich sein, wenn andere unglücklich sind. Solange andere leiden, kann ich nicht uneingeschränkt Freude empfinden. Das gilt im kleinen privaten Bereich wie im großen weltweiten Netz der Beziehung. Das ist uns nicht immer in aller Konsequenz bewusst, da unser Alltag dazu keinen Raum lässt. Wir täuschen uns leicht darüber hinweg, weil wir so mit uns selbst beschäftigt sind und eigene Probleme bewältigen müssen. Außerdem würde es in letzter Konsequenz bedeuten, unsere Lebensweise zu überdenken und sie gegebenenfalls zu verändern, Verantwortung zu übernehmen. Das scheint uns zu überfordern. Wir fühlen uns oft klein und schwach und spüren keine Verbundenheit, sondern gerade das Gegenteil: Einsamkeit und Isolation. Dabei sehnen wir uns nach intakten Beziehungen, ahnen, dass wir nur gemeinsam Probleme bewältigen können und die Gemeinschaft brauchen. Ich kann mir bewusst machen, welche Kreise mir guttun, mit wem ich auf einer Wellenlänge liege. Was liegt mir am Herzen und mit welchen Menschen teile ich das? Es wird immer einfacher, sich weltweit zu vernetzen. Gemeinsames Engagement verbindet.

Nimmt man die spirituelle Dimension hinzu, so wird deutlich, dass alle spirituellen Wege darauf hin ausgerichtet sind, sich im Inneren mit der ganzen Schöpfung verbunden zu fühlen, eins zu sein mit allen Menschen, der Natur und einer größeren Dimension, die ich Gott nennen möchte. Unterschiedliche Religionen bieten unterschiedliche Rituale, Formen und Symbole an. Die Stille, das Innehalten ist in fast allen Traditionen ein wesentliches Element, um in der Tiefe dem Bewusstsein der inneren Verbundenheit nachzuspüren. So sehen es vor allem die Mystikerinnen und Mystiker, die Gott weniger als ein personales Gegenüber betrachten, sondern als den Grund allen Seins. Gott ist ihrer Ansicht nach nicht *vor* uns, sondern *in* uns, in jedem Menschen. Und diese göttliche Natur vereint uns. Es geht um das Bewusstsein, dass es keine wirkliche Trennung gibt, weil wir alle Teil eines Ganzen sind. Deshalb können sie sagen: Wir *sind* die anderen. Ich finde das Bild, das Paulus in der Bibel dafür findet, sehr treffend: Es sind viele Glieder, aber ein Leib. Und wenn ein Glied leidet, so leiden alle Glieder mit, und wenn ein Glied geehrt wird, so freuen sich alle Glieder mit (vgl. 1 Korinther 12,12ff) So wie im Körper alles miteinander verbunden ist, sind wir es auch. Man könnte noch einmal anders formulieren: »Liebe deinen Nächsten *als* dein Selbst!«

Enttäuschungen gehören zum Leben dazu. Sie verunsichern und bedeuten Kontrollverlust. Wenn ich aber lerne, konstruktiv damit umzugehen, können sie mein Leben bereichern und ihm Tiefe verleihen. Und manche Menschen – so paradox das klingen mag – finden auf diesem beschwerlichen Weg einen Zugang zu Gott.

Glücklich zu sein, mit und ohne Enttäuschungen, das wäre das Ziel. Vielleicht gibt es in diesem Sinn sogar heilsame Enttäuschungen: Wir sind nur ein kleines Rädchen im großen Weltgetriebe und sind ersetzlich. Trotzdem können wir an dem Ort, an den wir gestellt sind, Gutes bewirken – oder auch nicht. Wir haben die Wahl.

Atempause

Wie bewerte ich Enttäuschungen?

Wie gehe ich mit Enttäuschungen um?

Gelingt es mir, die Perspektive zu wechseln?

Gibt es Situationen, die ich zunächst als enttäuschend erlebt habe, aus denen aber dann noch etwas Gutes entstanden ist?

Mit wem oder was fühle ich mich verbunden?

Was zählt für mich, ohne dass ich es zählen muss/kann?

Es gibt unterschiedliche optische Täuschungen, zum Beispiel in der Formwahrnehmung, im optisch-räumlichen Wahrnehmen oder im Kontrastsehen.

Bei jeder Wahrnehmung werden Reize aufgenommen und interpretiert. Bei der optischen Täuschung ist nun die Interpretation des Gesehenen nicht korrekt. Das kann sein, weil es mehrere, sich widersprechende Reize gibt oder das Gehirn etwas ergänzt, was gar nicht vorhanden ist.

Das komplexe Phänomen der optischen Täuschungen ist tatsächlich noch nicht endgültig ergründet bzw. es gibt mehrere Erklärungsversuche, aber bei manchen Bildern weiß man nicht, wie und warum das Auge sich täuschen lässt. »Dies mag auf der einen Seite befremdlich sein, hat auf der anderen Seite aber auch etwas Beruhigendes. Denn das Unwissen ist bekanntlich die Mutter aller Abenteuer«, so Thomas Ditzinger, theoretischer Physiker auf dem Gebiet komplexer Systeme, insbesondere der menschlichen Wahrnehmung, in seinem Buch »Illusion des Sehens – Eine Reise in die Welt der visuellen Wahrnehmung«.

Vorstellungen und Visionen – die inneren Bilder

Es grenzt an ein Wunder, dass sich der Mensch etwas vorstellen kann, also Bilder entwickelt und vor seinem »geistigen Auge« sehen kann, die real nicht vorhanden sind. Wenn wir beispielsweise ein Buch lesen, einen Roman, so entstehen in uns Bilder der Figuren, der Orte, eigentlich von allen Gegebenheiten, die das Buch beschreibt. Oft sind wir dann enttäuscht oder zumindest überrascht, wenn das Buch verfilmt wird. Wir hatten ganz andere Bilder im Kopf als die, die nun auf der Kinoleinwand erscheinen. Tagträume gehören auch in die Kategorie der inneren Bilder: Mit offenen oder geschlossenen Augen sind wir in einer anderen Welt, der Welt der eigenen, inneren Bilder.

Nun gibt es zwei Arten dieser inneren Bilder. Wir können uns etwas vorstellen, was wir schon einmal erlebt haben, alte Bilder werden sozusagen innerlich wiederbelebt, indem wir uns an sie erinnern. Oder wir erfinden neue Bilder von etwas, das wir noch nie gesehen haben, und lassen unserer Fantasie freien Lauf.

Wenn wir Bilder aus unserer Erinnerung wieder vor uns sehen, dann denken wir dabei zum Beispiel daran, wie schön es auf Mallorca war. Oder ich sehe mich mit einer Freundin im Café sitzen, wir hatten so ein tolles Gespräch. Häufig wünsche ich mir dann, das Erlebte zu wiederholen.

Der Haken daran: Beim zweiten Mal kann alles ganz anders sein. Auf Mallorca ist das Wetter vielleicht viel schlechter, man kann nichts unternehmen und das kleine Hotelzimmer nervt. Im Café ist es so laut, dass man sich kaum unterhalten kann, die Bedienung ist unfreundlich, der Cappuccino lauwarm, das Treffen ein Reinfall.

Menschen lieben Wiederholungen. Umso mehr, wenn es um die Wiederholung von als schön Erlebtem geht. Das Problem: Schöne Dinge können, müssen sich aber nicht wiederholen, auch wenn wir noch so viel planen und organisieren – es kann anders kommen. Dann ist es ratsam, die alten Bilder loszulassen, zu überlegen, was jetzt möglich ist, und das Beste daraus zu machen: Wie sieht es mit den Museen auf Mallorca aus? Welche Kirche ist interessant? Welche Bar oder welches Restaurant könnte bei Regen nett sein?

Es hilft, mir bewusst zu machen: Neue Erfahrungen bereichern mich, mein Spektrum erweitert sich. Vertrautes ist gemütlich und tut oft gut, Neues fordert heraus.

Anders ist es mit den Bildern in unserem Kopf, bei denen ich mir etwas vorstelle, mir überlege: Was wäre, wenn ... Wenn ich meiner Fantasie freien Lauf lasse, gibt es keine Grenzen, ich kann mir alles vorstellen, ohne dass es mit der Realität irgendetwas zu tun haben muss. Wir sagen dann auch: Ich male mir etwas aus. Aber was »male« ich da? Mit welchen Farben? Ich male mir zum Beispiel aus, am schönsten Strand der Welt zu sein. Wie sieht es dort aus? Oder wie sollte es dort aussehen, damit es für mich der schönste Strand der Welt ist? Ich male mir aber vielleicht auch aus, eine Topmanagerin zu sein, ein Olympiasieger, eine Ordensfrau oder Helene Fischer oder ihre beste Freundin, oder, oder ...

Solchen Tagträumen freien Lauf zu lassen, tut gut, denn wir wählen diese Bilder nicht ohne Grund. In der Wunschvorstellung drücken wir etwas aus, tritt etwas zutage, nämlich ein spezielles Bedürfnis, eine Sehnsucht. Mit meinen inneren Bildern komme ich mir selbst auf die Spur. Wonach sehne ich mich genau? Was brauche ich? Was tut mir gut?

Im sogenannten Berufungscoaching, wenn ich also mithilfe eines Coachs meiner Berufung auf die Spur zu kommen versuche, geht es genau um diese Art von Vorstellungen, nach dem Motto: »Aus der Zukunft lernen!« Aus der Vergangenheit lernen, das kennen wir. Wir haben Erfahrungen gemacht und blicken darauf zurück. Ich kann mich fragen: War es gut? War es schlecht? Welche Konsequenzen kann ich daraus ziehen? Die Zukunft dagegen kenne ich noch nicht, was könnte sie mir also sagen? Hier vollzieht sich also ein Perspektivwechsel zeitlicher Natur: Ich schaue nicht zurück, sondern nach vorn.

Die Einstiegsidee beim sogenannten Berufungscoaching lautet: »Wenn ich könnte, wie ich wollte, dann würde ich ...« Dann entwirft man innere Bilder, geht seinen Träumen nach und lernt so etwas über seine Sehnsüchte und Bedürfnisse, über das, was einen ausmacht. Es kann auch Antworten auf die Fragen liefern: Warum bin ich hier auf dieser Welt? Was habe ich zu geben? Was ist meine Berufung? In einem weiteren Schritt komme ich dann aus der Fantasiewelt wieder zurück in meinen Alltag und überlege: Wie lassen sich meine Wünsche und Bedürfnisse umsetzen? Das, was frei fantasiert war, wird auf das Mögliche »heruntergebrochen«.

Diese Bilder haben etwas mit mir und meinen Stärken zu tun, mit dem, womit ich mich wohlfühle, was mir Freude macht, in was ich Experte bin und bei dem gleichzeitig mein Bedürfnis nach Anerkennung erfüllt wird. Oft ist uns gar nicht bewusst, was es genau ist, wir haben nur diffuse Vorstellungen, wissen nicht, wofür unser Herz brennt. Es schlummert aber in uns. Deshalb ist es gut, einen Weg zu finden, das Verborgene offen-sichtlich zu machen.

Oft schauen wir rechts und links, was andere tun, wie sie leben. Einerseits können wir von anderen lernen, aber gerade in Bezug auf Lebensentwürfe ist es gut, seinen ganz eigenen Weg zu finden. Ich denke dabei oft an das Lied von Frank Sinatra: »My way«. Das eigene Leben zu führen, eigene Entscheidungen zu treffen und die Dinge auf meine Art und Weise zu tun, das ist die Aufforderung, die darin steckt. Lebensfülle ist für jeden Menschen etwas anderes. Das kann Einfachheit und Rückzug bedeuten. Oder es meint, ein Leben in großer Öffentlichkeit wie auf einer Bühne zu führen. Dazwischen gibt es unzählige Variationen.

Es ist eine schöne Einsicht, dass ich mich in jedem Alter fragen kann, wozu ich berufen bin – nicht nur während der Berufstätigkeit. Das wäre viel zu kurz gefasst. Auch in höherem Alter kann ich mich fragen: Was ist jetzt dran, wo und wie kann ich mich gut einbringen, was macht mir Freude? Begeisterung ist nicht an ein bestimmtes Alter gebunden.

Und wenn in meinem Leben nun alles ganz anders kommt, als ich es mir vorgestellt habe? In einem Buch las ich die Ansicht: Mein Leben ist meine Berufung – egal, wie es kommt und was sich zuträgt. Die Aufgaben, die sich stellen, die Rollen, die ich einnehme, das alles gilt es, gut zu bewältigen. Das ist meine Berufung. Da geht es um eine Haltung meinem Leben gegenüber, um Akzeptanz, um die Fähigkeit, aus allem das Beste zu machen. Anzunehmen, was ist – gerade wenn es ganz anders kommt –, fällt uns schwer. Wir wollen bestimmen, eben nicht alles einfach hinnehmen und akzeptieren, wir wollen unser Leben gestalten, Visionen entwickeln, planen und entscheiden, was wir tun und lassen. Das ist bis zu einem gewissen Grad gut und sinnvoll, aber bei zu viel Planung laufen wir schnell Gefahr, zu glauben, alles zu jeder Zeit im Griff und unter Kontrolle zu haben.

Das ist nach Ansicht des Franziskanerpaters Richard Rohr eines unserer größten Verhängnisse: Indem wir Kontrolle ausüben, meinen wir, es läge alles in unserer Hand. Wir glauben nicht (mehr) an eine größere Kraft, sondern wir spielen selbst ein bisschen Gott. Wir nehmen diese Rolle ein und fühlen uns dementsprechend auch für alles verantwortlich. Im Grund ist diese Haltung anstrengend, kommt es doch einzig und allein auf mich an! Richard Rohr ist dagegen der Überzeugung: »Die Einstellung, die man für ein tiefes und das gesamte Lebenspanorama umfassendes Sehen braucht, ist nicht permanentes Machen, Kalkulieren und Planen, sondern etwas ganz und gar anderes: Hinhören, Vertrauen, Abwarten, Reifen«, wie er in seinem Buch »Der Weg der Weisheit« schreibt. Er glaubt, dass wir einen Bezugspunkt außerhalb unserer selbst brauchen, »um uns mit dem von unserer eigenen Fantasie erzeugten Schwindelgefühl irgendwo festhalten und somit immer wieder ein wenig vom Zwang pausenloser Entscheidungen ausruhen zu können«.

Diese Paradoxien gilt es auszuhalten: Entscheide ich oder wird über mein Leben entschieden? Folge ich meinen Visionen oder ist bereits etwas für mich vor-gesehen? Vermutlich geht es auch hier nicht um entweder – oder, sondern um sowohl – als auch und damit um die Fragen: Was mache ich aus dem, was mir gegeben ist? Welche Spielräume nutze ich? Ich denke, es ist ein lebendiges Zusammenspiel von »Aktion« und »Kontemplation«, von Zupacken und Abwarten, von Mittendrinsein und Rückzug. Entscheidend dabei sei, so Richard Rohr, immer das »und«.

Atempause

Kenne ich meine Berufung?

Wo sind meine Vorstellungen erfüllt worden, wo nicht?

Was stelle ich mir in der Zukunft vor, welche Bilder von meiner Zukunft habe ich? Was wünsche ich mir? Was male ich mir aus? Welche Vision habe ich?

Wenn ich könnte, wie ich wollte, dann würde ich ...

Wenn ich an Menschen denke, die ich bewundere, die etwas aus ihrem Leben gemacht haben, wer kommt mir da in den Sinn?

Träume –
Bilder aus dem Unbewussten

Schenken Sie Ihren Träumen Aufmerksamkeit? Wissen Sie am nächsten Morgen noch, was Sie geträumt haben? Im Wachbewusstsein machen wir uns viele Gedanken. Im Traum sprechen dagegen unbewusste Bilder zu uns. Sie tauchen aus einer tieferen Ebene auf, zu der wir scheinbar keinen Zugang haben, und treffen uns deshalb »ungeschützt«. Manchmal handelt es sich um vertraute Bilder, die der Realität ähneln, manchmal sind sie so absurd, dass wir erschrecken, uns ängstigen oder zumindest sehr überrascht sind. Gerade diese Tatsache macht die Träume so geheimnisvoll und den Umgang mit ihnen so spannend.

Ich habe allerdings ein ambivalentes Verhältnis zur Traumdeutung. Es gibt Zeiten, da bin ich mit Feuer und Flamme dabei, mehr Klarheit durch meine Träume zu gewinnen, da schreibe ich den Traum sofort auf, wenn ich wach werde, um mich anschließend damit auseinanderzusetzen. Ich staune über die Bilder im Traum und frage mich, was sie mir zu sagen haben. Und tatsächlich finde ich, oft spontan, Antworten.

Dann gibt es Phasen, in denen sie mir egal sind, wo mir alles zu rätselhaft ist, zu vage, dann zweifle ich, irgendetwas »Vernünftiges« damit anfangen zu können. Oder mir fehlen einfach Zeit und Muße, mich um sie zu kümmern.

Träume sind Schäume, sagt der Volksmund. Oder gilt gerade das Gegenteil, wie es der Leiter des Schlaflabors der Universität Göttingen, Göran Hajak, formuliert: »Wir schlafen, um zu träumen.« Biologen und Mediziner interessieren sich meist für das rein körperliche Geschehen während des Träumens. In der sogenannten REM-Phase (*rapid eye movement*, englisch für »schnelle Augenbewegung«), die ca. 90 Minuten nach dem Einschlafen beginnt, lässt sich eine erhöhte Hirnaktivität verzeichnen. Gleichzeitig kommt es zu den genannten schnellen Augenbewegungen. Das sind die objektiven Beobachtungen in der Traumphase. Psychologen interessieren sich für die subjektive Seite dieser Schlafphase, weil nur dann der Mensch intensiv träumt, fantasievoll und mit starken Emotionen verbunden.

Was hat es nun mit den Träumen auf sich? Ein Blick in die Geschichte zeigt, dass es sehr unterschiedliche Vorstellungen gab und gibt, wie mit Träumen umzugehen ist. Im Alten Testament findet man beispielsweise viele Erzählungen, in denen Träume eine große Rolle spielen. Da träumt der Pharao von sieben fetten und sieben mageren Kühen. Joseph, ein Sklave aus dem Volk Israel, deutete dies prophetisch, dass nach sieben fruchtbaren Jahren sieben Dürre-jahre folgen würden. Der Pharao glaubte ihm. Deshalb wurde Vorsorge getroffen und das Volk so vor einer Hungersnot gerettet. Joseph hatte noch weitere Träume, auch ihn selbst betreffend, und alle hatten prophetischen Charakter. Die Ägypter glaubten, dass Götter im Traum mit den Menschen in direkten Kontakt treten. Auch im antiken Griechenland sah man Träume als Botschaften der Götter an. Die Träume hatten ebenfalls Bedeutung für die Heilkunst. Einerseits glaubte man, dass sie Hinweise auf noch verborgene Krankheiten gäben, andererseits glaubte man an die heilende Wirkung von Träumen, wenn Asklepios, der Gott der Heilkunst, im Traum erschien und den Kranken berührte. In der vorchristlichen Zeit ging man davon aus, dass die Träume von außen auf geheimnisvolle Weise in den Menschen hineingelangen.

Auch im neuen Testament spielen Träume eine wesentliche Rolle. Vor der Geburt Jesu erscheint Joseph im Traum ein Engel, der ihm sagt, dass er bei Maria bleiben solle, obwohl das Kind nicht von ihm sei. Die Sterndeuter aus dem Osten, die nach Jesu Geburt zur Krippe gekommen waren, um das Kind zu sehen, träumten, dass sie auf einem anderen Weg in ihr Land zurückkehren sollten, damit Jesus nicht in Gefahr geriet. Die Jünger Jesu träumten ebenfalls nach dessen Tod und Auferstehung. Petrus wird im Traum von Gott aufgefordert, mit den heidnischen Gemeinden Kontakt aufzunehmen, wogegen er sich zunächst sträubt. Paulus träumt, dass er nach Makedonien reisen soll und später auch nach Rom. Träume waren also mit der Grund, weshalb die Mission in Europa ihren Anfang nahm!

In der Renaissance und der Neuzeit sowie in der Zeit der Aufklärung wurden Träume kaum beachtet. Die Vernunft stand im Vordergrund, da passten unerklärliche und fantasievolle Nachtbilder des Unbewussten nicht ins Weltbild. Mit Sigmund Freud wurden Träume wiederentdeckt und als unerlässlicher Schlüssel zu eben diesem Unbewussten angesehen, als Zugang zu einer verdrängten Vergangenheit. C. G. Jung, der bekannteste Schüler Freuds, sah im Traum eher Hinweise auf die Gegenwart und Zukunft des Träumenden. Heutzutage sind sich beinahe alle Psychologen einig, dass man ganz allgemein durch Träume mehr über sich selbst erfahren kann. Im Traum können Spannungen abgebaut und Konflikte verarbeitet werden. Träume zeigen zudem manchmal kreative Möglichkeiten und originelle Lösungen unserer Probleme.

Man kann jedoch auch heute wie in früheren Zeiten die Träume als Stimme Gottes betrachten und sie auf dem spirituellen Weg nutzen. Was will Gott mir im Traum sagen? Ich glaube, es gibt eine Weisheit in mir, die den eigenen Traum deuten kann, sei es nun meine innere oder die göttliche Stimme. Der Theologe John A. Sanford, ein Schüler C. G. Jungs, meint, Träume seien die vergessene Sprache Gottes.

Man sagt auch, Träume, die nicht beachtet werden, seien wie ungeöffnete Briefe, deren Botschaft nicht gelesen wird. Daher besuchte ich ein Traumseminar, um meine eigenen »ungeöffneten Briefe« noch besser verstehen zu können. Nach einem Einführungsvortrag wurden wir in Kleingruppen aufgeteilt, sollten uns gegenseitig unsere Träume erzählen und versuchen, sie zu deuten. Mir wurde zunehmend mulmig. Zum einen wollte ich wildfremden Menschen nicht meine Träume erzählen. Ich finde, sie sind etwas sehr Persönliches, gerade weil sie so ungefiltert auftauchen. Zum anderen wollte ich keine Deutungsversuche von Menschen, die mich überhaupt nicht kennen. Umgekehrt: Wenn andere mir erwartungsvoll ihre Träume erzählen und hoffen, dass ich ihnen etwas dazu zu sagen habe, überfordert mich das. Ich kann Fragen zum Traum stellen, die zum Nachdenken und Nachspüren anregen. Die Antwort findet der Träumer aber am besten selbst. Es sind *meine* Träume, und ich glaube, dass nur ich allein sie wirklich deuten kann. Das glaubt auch Fritz Perls, der Begründer der Gestalttherapie, und steht mit dieser Ansicht im Gegensatz zur klassischen Psychoanalyse. Hier war man der Ansicht, dass nur ausgebildete Fachleute dazu fähig seien.

Um die eigenen Träume zu deuten, können wir auf Symbole achten und in verschiedenen Medien nachlesen, was diese zu bedeuten haben. Symbole als Hilfsmittel zur Traumdeutung – mir erscheint das zu festgelegt, und selbst C. G. Jung rät, den Symbolen nicht allzu viel Bedeutung beizumessen, sondern individuell, in aller Freiheit die Zeichen, Gegenstände oder Personen, die im Traum auftauchen, danach zu befragen, was sie mir wohl zu sagen haben, also in Dialogform mit den Traumsymbolen umzugehen.

Für mich sind zwei Schritte wichtig, um einen Traum zu deuten. Zunächst überlege ich mir: Was ist das dominante Gefühl in meinem Traum? Mit welchem Gefühl bin ich aufgewacht? Dabei ist wichtig, unmittelbar nach oder beim Wachwerden ganz achtsam zu sein, sich möglichst nicht im Bett zu bewegen, sondern in der Schlafposition zu bleiben und direkt zu fragen: Wie geht es mir gerade, was fühle ich jetzt? Was im Traum hat dieses Gefühl ausgelöst? Bei positiven Gefühlen: Was war besonders schön, welche Bedürfnisse wurden erfüllt? Bei negativen Gefühlen: Was war schwierig, enttäuschend, verletzend, ärgerlich?

Als nächsten Schritt kann ich dem Traum eine Überschrift geben: Wie möchte ich ihn nennen? Was ist wichtig? Oft verrät die – spontan gewählte – Überschrift, worum es geht, was das Hauptthema war.

Vielleicht nehme ich mir die Zeit, den Traum zu reflektieren. Ich gehe in die Stille, lasse ihn nachwirken. Im Alten Testament wird solches von Samuel berichtet: Er wird nachts dreimal wach, weil Gott ihn ruft. Aber er versteht nicht, dass Gott es ist, der ruft. Erst nach dem dritten Mal ist er wirklich bereit, zuzuhören, hinzuhören auf die Botschaft. Die Stille kann

dabei helfen, auch innerlich ruhig zu werden und hin-
zuspüren. Wenn ich hinsehe und hinhöre, kann der
Traum mir zeigen, was ich brauche, was mir guttut,
wofür ich sorgen sollte, wohin die (Lebens-)Reise geht
und es kann sogar klar werden, welche Entscheidung
ich treffen muss oder will.

So irritierend ich auch die Deutungsversuche der
Gruppe im oben erwähnten Seminar empfunden habe, kann ich natürlich trotzdem beschließen, mit je-
mandem über meinen Traum zu sprechen. Das sollte
jedoch eine Person meines Vertrauens sein, der ich
bereit bin, mein Innerstes zu zeigen. Es ist gut, sich
dann wirklich Zeit zu nehmen, um ohne Druck erzählen zu können und auch, damit mein Gegenüber
Zeit hat, den Traum aufzunehmen. Ich höre dann,
welche Assoziationen und Gedanken meinem Zuhörer in den Sinn kommen. Es sind Anregungen, die ich
aufnehme, aber nicht übernehmen muss. Sie können
mir eine Hilfe sein, ich kann sie mit meinen Empfin-
dungen abgleichen und einordnen.

Wenn mich dagegen jemand zu seinen Träumen
befragt, gibt es auch für mich als Zuhörer ein paar
Dinge, die ich beachten sollte. Es ist gut, offene Fragen
zu stellen, die nicht wertend sind, die keine Richtung
vorgeben. Ich kann auf die Mimik und Körpersprache des Erzählers achten und dies meinem Gegenüber
spiegeln. Meine Äußerungen sollten einen Angebots-
charakter haben – ich möchte dem anderen nichts
überstülpen.

Besondere Beachtung verdienen Träume, die sich wiederholen. Es ist, als ob sie mich mit besonderem Nachdruck auf etwas Wichtiges hinweisen wollten. Ich kenne das aus eigener Erfahrung. Mein Wiederholungstraum: Ich kann besonders hoch springen, meist bis zur Zimmerdecke, ohne Anstrengung, es ist für mich nichts Besonderes. Andere sehen dies, sind aber auch nicht besonders erstaunt. Nach diesem Traum wache ich meist mit dem Gefühl auf: Es geht mir gut, ich erweitere meinen Raum nach oben, nicht in die Weite. Ich überlege dann: Will ich hoch hinaus? Will ich »abheben«? Was sagen mir diese Sprünge? So ganz komme ich dem nicht bei. Als ich eine Überschrift für diesen Traum suchte, kam mir spontan in den Kopf: »Leichtigkeit«. Das überraschte mich, war aber stimmig, mein Hauptgefühl war Freiheit, aber vor allem Leichtigkeit.

Ein anderer Traum: Das Haus meiner Kindheit brennt, wir laufen auf die Straße und stehen vor dem brennenden Haus, natürlich erschrocken, aber auch erleichtert, dass wir uns retten konnten. Hier war meine Überschrift: »Erleichterung«. Interessant für mich: In der Überschrift beider Träume steckt das Wort »leicht«. Nun empfinde ich mein Leben nicht gerade als leicht, eher mit vielen Höhen und Tiefen. Also entspricht der Traum nicht meinem Lebensgefühl. Aber vielleicht geht die Sehnsucht dahin, Leichtigkeit zu erleben. Oder die Aufforderung, Dinge leichter zu nehmen, die Erlaubnis, dass es leicht sein darf. Das trifft es. Und ich freue mich, dass ich in meinen Träumen eine Botschaft entdecke, die aus meinem Innersten zu kommen scheint.

Von Traumexperten wird vorgeschlagen, ein Traumtagebuch zu führen, also an den Träumen dranzubleiben, sie mit etwas Disziplin kontinuierlich aufzuschreiben. Dann kann man sie in Beziehung zueinander setzen. Vielleicht ergibt sich ein roter Faden. Vielleicht sind sie wie eine Begleitmelodie meines Alltags. Jedenfalls ist das ein gutes Mittel, um mit mir selbst in Kontakt zu sein und zu bleiben. Vielleicht gehört zum »Leben in Fülle« – so wie Jesus es verheißen hat – die Nacht mit ihren Träumen dazu!

Atempause

Welche Bedeutung haben für mich meine Träume?

Kann ich mich an Träume erinnern?

Wäre ein Traumtagebuch zu führen eine Idee/Option für mich?

Mit wem würde ich über meine Träume sprechen?

Schönheit liegt
im Auge des Betrachters

Das wusste schon Thukydides, ein griechischer Historiker, der ca. 400 v. Chr. lebte. Was für ein Glück, dass dem so ist. Sonst würden wir uns womöglich alle in den gleichen Mann, die gleiche Frau verlieben, würden alle in ähnlich eingerichteten Wohnungen leben, die gleichen Kunstwerke bestaunen und die gleiche Kleidung tragen. Trendsetter in der Modebranche wollen gerade das erreichen: einen kollektiven Geschmack, der sich alle paar Jahre ändern soll – und sich nach zehn Jahren wiederholt. Wir machen das oft fröhlich mit. So belächeln wir das Outfit der Schauspieler in älteren Filmen –und sind doch bereit, ein paar Jahre später das Gleiche zu tragen. Eigentlich verrückt, sich so beeinflussen zu lassen. Geschmack scheint keine individuelle Angelegenheit zu sein, sondern vordiktiert zu werden.

Geschmack ist manipulierbar. Mal sind enge Hosen »in«, mal weite, mal Plateausohlen, mal Ballerinas, manchmal werden sogenannte Schockfarben getragen, mal sind dezente Pastelltöne angesagt, mal randlose Brillen, dann wieder auffallend große Brillengestelle – alles eine Frage des Zeitgeists. Allerdings gibt es in unserer Gesellschaft heute eine große Freiheit, das zu tragen, was man will – Vielfalt als Zeichen des individuellen Geschmacks.

Schönheit liegt also sicher im Auge des Betrachters, aber noch viel wichtiger: Nicht nur Schönheit, sondern fast alles andere auch! Wir beurteilen die Welt mit unseren Augen. Und diese gibt es kein zweites Mal. Weil jeder Mensch einzigartig ist, ist auch das Sehen und Deuten einzigartig. Die Eindrücke aus der Vergangenheit eines jeden Menschen prägen das Sehen hier und heute. Es kann ähnliche Deutungen ergeben, aber nicht wirklich gleiche. Jeder hat im wahrsten Sinn des Wortes eine andere »Weltanschauung«!

In seinem Buch »Anders Sehen« bemüht sich der Autor Beau Lotto im Grunde um nichts anderes, als deutlich zu machen, dass wir die Realität nicht sehen können. Das, was wir sehen, ist subjektiv, was wir wahrnehmen, ist zwar für jeden Einzelnen wahr, aber nicht unbedingt für alle. Es gibt unterschiedliche Wahrnehmungen. Die eine Wahrheit gibt es nicht.

Um das noch besser zu verstehen, braucht es einen Ausflug in die Neurobiologie: Unser Sehen endet nicht in der okzipitalen Hirnrinde. Das ist nur der erste Teil des Sehens. Es gibt noch weitere, sogenannte übergeordnete optische Rindenfelder im Gehirn. Sie dienen der Objekterkennung, der optischen Erinnerung, dem visuellen Verständnis, dass Lesen und Blicken ermöglicht wird. Hier wird interpretiert, was ich gesehen habe: dass ich eine Katze überhaupt als Katze erkenne, aber auch, dass ich erkenne, dass es meine Katze ist und nicht irgendeine. Hier werden außerdem Blickbewegungen gesteuert, um beispielsweise einen Text flüssig lesen zu können. In diesem Hirnareal wird auch interpretiert, ob ich den Gesichtsausdruck eines Menschen sympathisch finde oder nicht – weil ich ihn mit den mir bekannten Gesichtern vergleiche und Assoziationen damit verbinde. Eine andere Person kann den Gesichtsausdruck meines Gegenübers, aufgrund eigener visueller Eindrücke und Erfahrungen ganz anders deuten. Die Frage der Wahrnehmung ist deshalb so wichtig, weil sie allem, was wir denken, wissen, glauben und sogar fühlen, zugrunde liegt.

»How you see is what you see!«, so noch einmal der Franziskanerpater Richard Rohr, der damit deutlich machen will: Es liegt an uns, wie wir sehen (wollen). Im Englischen lässt es sich kurz und gut auf den Punkt bringen: Wie ich sehe, entscheidet darüber, was ich sehe. Wie ich die Dinge betrachte, hat zur Folge, was dabei herauskommt. Oder umgekehrt: Was ich sehe, hängt davon ab, mit welchen Augen ich schaue. Sehe ich ein Kind, das weint, kann ich Mitgefühl entwickeln und es in den Arm nehmen. Ich könnte aber auch wahrnehmen und glauben, dass das Kind quengelt, weil es etwas haben möchte und sein Weinen als

Mittel zum Zweck nutzt. Folglich gehe ich anders damit um. Wie ich sehe, mit welcher Haltung, mit welchen Gedanken, das hat Folgen.

Schönheit liegt im Auge des Betrachters – aber auch Gut und Böse, Freud und Leid, Schwieriges und Leichtes. Ich sehe den Erfolg meiner Kollegin und freue mich – oder ich sehe den Erfolg meiner Kollegin und leide, weil ich neidisch bin. Im ersten Fall gratuliere ich ihr, bin froh, eine so kompetente Mitstreiterin in meinem Umfeld zu haben. Im anderen Fall sehe ich sie als Konkurrentin und meide sie. Wie ich die Dinge sehe, hat Konsequenzen.

Das Geniale bei uns Menschen ist nun, dass wir sehen können, wie wir sehen, dass wir wahrnehmen können, wie wir wahrnehmen. Wir können uns selbst beobachten. Das zeichnet uns aus. Abstand zu sich selbst zu haben, ist jedoch nicht leicht. Um innezuhalten und einen Schritt zurückzutreten, dazu muss man wach und präsent sein. Meine Meditationslehrerin formulierte es so: »Sei anwesend beim Entstehen eines Gedankens oder Gefühls«. Mir Dinge bewusst zu machen, ist der erste Schritt zur Veränderung. Zunächst muss ich mich im wahrsten Sinn des Wortes durch-schauen. Dann kann ich in einem weiteren Schritt versuchen, eine andere Wahrnehmung, eine andere Haltung einzunehmen, um aus einem Muster, aus automatisch ablaufenden Denk- und Fühlschemata auszusteigen. Erst in der Folge entsteht ein wirklich freier Wille. Bin ich ein sehr ängstlicher und vorsichtiger Mensch, blockiert mich die Annahme, dass überall Gefahr lauert. Ich muss aber nicht ein Leben lang mit dieser Deutung der Welt herumlaufen. Ich kann gegensteuern. Mensch zu sein bedeutet auch immer, anders zu können. Wir haben die Wahl.

Die Perspektive zu wechseln, ist leichter gesagt als getan, sind doch unsere Wahrnehmungsmuster meist ziemlich festgefahren. Aber unser Gehirn arbeitet ähnlich wie ein Muskel: Wird es trainiert, wird er stärker, wird es nicht benutzt, wird es abgebaut. Sichtweisen, die ich immer wieder bestätige, festigen sich. Lerne ich neue Sichtweisen und übe sie ein, werden die alten, nicht mehr benutzten abgebaut und die neuen verstärkt. Alles Neue verunsichert zunächst. Daher muss ich ganz bewusst umdenken, etwas ganz bewusst anders machen, damit ich damit überhaupt eine Erfahrung machen kann. So muss ich die vermeintlichen Gefahren, vor denen ich mich fürchte, bewusst genauer unter die Lupe nehmen: Wo ist meine Angst berechtigt und wo nicht? Wo und wann habe ich bereits Gefahren gesehen, die tatsächlich gar nicht da waren? Vertrauen lässt sich einüben, und dabei hilft, dass ich den Fokus der Aufmerksamkeit auf das Gelungene lege, auf die Situationen, die ich ohne Probleme bewältigt habe. Das befreit mich zunehmend von einer einengenden Ängstlichkeit.

Unser Gehirn ist formbar, reagiert, verändert sich. Man nennt das Neuroplastizität. Dieser Veränderungsprozess ist nie abgeschlossen. Solange Menschen bereit sind zu lernen, sich für ein anderes Sehen zu entscheiden, entstehen neue Bahnen, neue neuronale Verbindungen im Gehirn. Kommt dann noch Begeisterung dazu, wird Unmögliches möglich. Ein schönes Beispiel dazu: Verliebt sich ein Achtzigjähriger in jemanden, der eine andere Sprache spricht, so kann er diese auch im hohen Alter noch lernen! Es gelingt, weil er motiviert ist. Das Gehirn »freut sich mit«.

Schönheit liegt im Auge des Betrachters – und das Verblüffende dabei ist: Unser Gehirn findet nicht unbedingt das Perfekte schön, sondern das Unvollkommene. Weil Unvollkommenes für Unterschiedenheit, für Abwechslung, für das Besondere sorgt, Vollkommenes ist monoton. Das ist auch der Reiz, der in einem Konzertbesuch liegt: Man kann sich die gleiche Musik auf Schallplatte oder CD in der Studioversion anhören, sie wird sicher absolut richtig und perfekt sein. Aber gerade weil das Spiel und die Musik hier so vollkommen sind, lösen sie oft weniger Gefühl bei uns aus. Spielt ein Orchester, eine Band live, spielen sie sicherlich auch fehlerlos, aber es gibt Nuancen, kleine Verzögerungen, Veränderungen, Interpretationen, die es interessant und emotional machen.

Überträgt man das auf unser Schauen oder noch einmal auf die Einsicht, dass Schönheit im Auge des Betrachters liegt, dann bedeutet das: Wir können uns getrost davon verabschieden, perfekt sein zu wollen, ob das jetzt unser Aussehen oder unsere Arbeit oder unsere Verantwortung, zum Beispiel als Eltern oder Vorgesetzte oder auch als Kinder angeht. Was zählt, ist die Haltung, die Art und Weise, wie oder mit welchen Augen ich jemanden anschaue. Dazu fällt mir eine eigene Erfahrung ein: In einem Seminar zu GfK (Gewaltfreier Kommunikation) berichteten die Teilnehmenden jeweils von einer emotionalen Erfahrung, einem Problem, das sie bewältigt hatten. Einer nach der anderen erzählte. Ich hörte gebannt zu, und als ich die Redenden so betrachtete, fand ich jede einzelne Person schön. Ja, dieses Wort kam mir in den Sinn, weil so konzentriert, so authentisch, so aus dem Herzen heraus gesprochen wurde. Das spiegelte sich in der Mimik und der gesamten Körpersprache wider, für mich ein Ausdruck von Schönheit. Es wurde mir erneut bewusst: Schönheit hängt nicht (nur) von Äußerlichkeiten ab, sondern entsteht auch oder gerade dann, wenn innere Prozesse einen Ausdruck finden, wenn ein Mensch sich öffnet und sich erklärt.

In nur 100 Millisekunden ist der visuelle Input über die Netzhaut am Ziel, den übergeordneten optischen Rindenfeldern, angelangt, verarbeitet und gedeutet. Ein langer Weg – vom Auge bis zum hinteren Teil des Großhirns (das primäre Sehzentrum) und dann weiter zu den seitlichen Hirnarealen (das sekundäre Sehzentrum) – in enorm kurzer Zeit. Deshalb können wir uns sofort »ein Bild davon machen«, eine Meinung bilden, in eine Stimmung versetzt werden. Weil das Auge bzw. das Gehirn alles so schnell erfasst, gibt es »Liebe auf den ersten Blick«.

Gibt es krankhafte Veränderungen im Gehirn (Raumforderungen, Entzündungen, neurologische Erkrankungen), ist das gestörte Sehen oft der erste Indikator dafür. Gerade weil es quasi einmal von vorne nach hinten durch den Kopf und dann zur Seite »läuft«, berührt es viele Areale im Gehirn. Aufgrund der Art des gestörten Sehens lässt sich lokalisieren, wo sich die Störung befindet. Das (gestörte) Sehen dient als Frühwarnsystem und ist zur diagnostischen Einschätzung unverzichtbar.

Stop – Look – Go

»Stop – Look – Go« – »Anhalten – Schauen – Losgehen«, das ist die Maxime von Bruder David Steindl-Rast, einem bekannten Benediktinermönch und spirituellen Autor, der sich in den letzten Jahren verstärkt mit der Bedeutung von Dankbarkeit beschäftigt hat. Sein Credo: Man kann nicht dankbar sein und gleichzeitig hassen, nicht dankbar und gleichzeitig egoistisch sein. Dankbarkeit ist für ihn der Schlüssel zu einem erfüllten, reichen und freudvollen Leben. Um diese Dankbarkeit zu finden, schlägt er einen Dreischritt vor, dessen zentraler Punkt das Schauen ist.

»Stop – Look – Go« spiegelt eine Haltung dem Leben gegenüber wider. »Stop« meint, innezuhalten und aufzuwachen, präsent zu sein, bewusst und empfänglich für die Überraschungen des Lebens. Es bedeutet, mir bewusst zu machen, dass nichts selbstverständlich ist. »Look« meint Beobachten, Schauen und zu begreifen, welche Möglichkeiten dieser Augenblick für mich bereithält. »Go« meint, mit Aufmerksamkeit zu handeln. Diesen Dreischritt umzusetzen, ist nicht so leicht und bedarf deshalb der Übung. Immer wieder.

Das Schauen, das Sehen spielt hier eine zentrale Rolle. Dabei meint Sehen hier vor allem, zu verstehen, was dran ist, welche Möglichkeiten sich immer wieder neu auftun. Es bedeutet gleichzeitig, flexibel zu bleiben und sich dem Lebensfluss anzupassen, denn er verändert sich permanent – ob wir wollen oder nicht.

Ich bin der Typ, der eher nicht will! Ich möchte liebgewonnene Dinge und Rituale bewahren, tue mich schwer mit Veränderungen. Ich bin zwar neugierig, hänge aber gleichzeitig am Vertrauten. Dabei weiß ich, dass ich auf Dauer nichts festhalten kann. Deshalb versuche ich immer wieder neu zu akzeptieren, was ist, und mich auf das Neue einzustellen, mich den neuen Gegebenheiten anzupassen. Flexibilität und Anpassung sind immer wieder gefragt. Menschen, denen das gelingt, sind zufriedener und glücklich. Dazu braucht es Kreativität und Fantasie.

Das gilt für große Lebensveränderungen wie für kleine, für Veränderung hin zum Guten wie zum Negativen. Für Veränderungen hin zum Guten, Besseren haben wir meist mehr Energie. Wir sind beflügelt, haben Ideen. Dankbarkeit fällt dann leicht. Anders als bei Veränderungen, die man selbst als schwierig empfindet. Eine Krankheit bedeutet oft eine Umstellung der Lebensgewohnheiten. Vieles geht nicht mehr, man muss sich davon verabschieden. Wenn es uns gelingt, dann trotzdem offen zu bleiben, uns damit zu arrangieren, dass es vielleicht anders, aber auch wieder gut werden kann, findet sich auch in solchen Situationen vielleicht etwas Neues, tun sich andere Möglichkeiten und neue Kontakte auf, erweitert sich der Horizont auf ganz andere Weise.

Ähnliches gilt für Veränderungen, die sich völlig offen anfühlen. Ein beruflich bedingter Ortswechsel fordert zum Beispiel meist enorme Flexibilität und Anpassung zugleich. Wie kann ich mich an dem neuen Ort wohlfühlen? Wo und wie finde ich neue Freunde? Was hält dieser neue Ort für mich bereit? Wie stark ist meine Bindung an das alte Zuhause?

Eine andere Situation, die sich für viele Eltern wie ein »neues Leben« anfühlt: Die Kinder gehen aus dem Haus, sich zu kümmern und sich zuständig zu fühlen hören mehr oder weniger schlagartig auf. Das könnte eine Befreiung sein oder zumindest eine neue Freiheit möglich machen, hinterlässt aber bei vielen Eltern ein Loch, eine Leere. Das Loslassen ist dann doch nicht so einfach, vor allem, wenn die Kinder weit wegziehen, der Kontakt immer lockerer wird. Die Kinder waren sinnstiftend oder einfach Thema im Miteinander – wie kann man nun neue Lebensinhalte finden? Wer ist man ohne die Kinder? Helfen können in solchen Situationen Fragen, die mich auf eine andere Spur bringen: Was hat mich interessiert, bevor die Familie gegründet wurde? Welche Hobbys, welche Neigungen gab es? Woran kann ich anknüpfen? Was möchte ich neu kennenlernen?

Noch ein ganz anderes Beispiel, die älteren Semester betreffend: Das Autofahren aufgeben zu müssen, aus welchen Gründen auch immer, kommt für viele einer Freiheitsberaubung gleich. Spontan irgendwo hinzufahren, unabhängig zu sein, das ist schon ein hohes Gut. Wie gehe ich nun um mit dieser Beschränkung? Ich muss zugeben: Ich wüsste es für mich (noch) nicht. Alles mit Bus und Bahn zu bewältigen, mehr Zeit dafür einzuplanen, das ist schon eine große Umstellung. Vielleicht erkenne ich aber auch, wie entlastend es ist, nicht mehr selbst fahren zu müssen – es *gibt* ja Bus und Bahn, zumindest im städtischen Umfeld. Vielleicht entdecke ich auch einiges in meiner Nähe, sodass ich gar nicht mehr so viel fahren muss.

David Steindl-Rast meint dazu: Wir können nicht für alles dankbar sein, was uns begegnet. Krankheit, Verluste und Umbrüche sind oft ein hartes Schicksal, aber trotzdem können wir dankbar sein für die Gelegenheit, aus allem etwas zu lernen. Jede Veränderung bietet eine Chance, dazuzulernen. Ein Beispiel: Während der Corona-Zeit wurden wir alle in irgendeiner Form eingeschränkt, vielleicht sogar »eingesperrt«. Wir mussten uns alle anpassen und das Beschlossene hinnehmen. Ich litt sehr darunter, dass alle Cafés geschlossen waren. Für viele war dies kein Problem, für mich ein großes! Mir ist bewusst: Auch das war Klagen auf hohem Niveau. Aber für mich sind meine Cafébesuche mehr als nur eine Gelegenheit, Kaffee zu trinken. Ich genieße es sehr, dort meine Gedanken zu ordnen und aufzuschreiben. Diese kleinen Auszeiten im Alltag sind für mich Kraftquellen. Also ging ich auf die Suche nach Orten, an denen ich mich trotzdem hinsetzen und schreiben kann.

Es gelingt mir einfach besser als zu Hause. Es gibt in unserer Nähe ein Einkaufscenter mit einem Supermarkt und einigen kleineren Geschäften. Hier stand tatsächlich in einer Ecke eine monströse rote Couch, vermutlich für Käufer, die sich einen Moment ausruhen wollten. Dieses rote Sofa wurde zu meiner Oase. Ich holte mir beim Bäcker einen Kaffee und setzte mich auf das Sofa, bewaffnet mit Tagebuch und sonstigen Schreibutensilien, und hatte wieder meine Besinnungszeit. Merkwürdigerweise wurde mir nie verboten, mich dort aufzuhalten. Eigentlich hatte man sich ja in dieser Zeit nirgends aufzuhalten!

Im Grunde hatte ich unbewusst »Stop – Look – Go« angewandt: Ich hatte geschaut, was möglich ist, und für mich das Beste daraus gemacht. So unbedeutend dieses kleine Beispiel sein mag, mir macht es Mut und es stimmt mich zuversichtlich, Lösungen zu finden, wenn Altvertrautes nicht mehr möglich ist. Ich war von Herzen dankbar für diese Lektion.

Das Sehen, das Hinsehen hat mir geholfen. Nicht nur, um das rote Sofa zu finden, sondern auch im übertragenen Sinn herauszufinden: Was ist mir wirklich wichtig – und warum? Wie kann es gelingen, das zu erreichen – auch auf ungewöhnlichen Wegen? Für mich bedeutet Neu-Seh-Land in dieser Hinsicht auch:

offen zu sein für neue Möglichkeiten, mutig zu sein, etwas auszuprobieren.

Faszination Auge

Die Augen sind Meister der Anpassung – sie tun es permanent: Zum einen passen sie sich ständig den wechselnden Lichtverhältnissen an. Die Pupillenweite ändert sich spielerisch leicht, je nach der Stärke des Lichteinfalls. Sie wird bei Helligkeit eng, damit nicht zu viel Licht ins Auge fällt, und bei Dunkelheit groß, damit möglichst viel Licht ins Auge fällt. Dies geschieht mühelos, weswegen es auch Pupillenspiel genannt wird.

Zudem wird permanent die Linse durch den Ziliarmuskel der Fixationsentfernung angepasst. Schaue ich in die Ferne, wird der Muskel entspannt und die Augenlinse »gestreckt«, damit sich das Bild scharf auf der Netzhaut abbildet. Je näher mein Fixationsobjekt, desto mehr wird der Ziliarmuskel angespannt und somit die Linse kugelig. Da wir ständig den Fokus wechseln, also mal nah, mal fern schauen, ist er permanent aktiv, und das in enormer Geschwindigkeit und Präzision.

Manchmal kommt es zu besonderen Herausforderungen: Es gibt optische Verhältnisse, bei denen die Bilder beider Augen unterschiedlich groß gesehen werden. Trotzdem ist das Gehirn in der Lage, die beiden Bilder zu fusionieren, das heißt zu verschmelzen, sodass wir nicht ein großes und kleines Bild sehen (was sehr störend wäre).

Eine weitere Form der Anpassung: Die Augen, einschließlich der Sehzentren im Gehirn, sind bemüht, ein optimales Sehen zu erzielen. Normalerweise führt Schielen zu Doppelbildern. Das ist sehr störend. Aus diesem Grund wird ein Bild vom Gehirn ausgeschaltet, exkludiert. Man nimmt nur ein Bild wahr. Oder – die effektivere Lösung: Die Augen korrespondieren anders, sie passen sich dem Schielen an und verarbeiten die Bilder so, als ob kein Schielen bestünde. Diese sogenannte anomale Korrespondenz sorgt für ein beidäugiges Einfachsehen, das nicht ganz so perfekt ist wie bei Nichtschielern, aber dennoch eine Höchstleistung der sensorischen Anpassung darstellt.

Blinde Flecken

Der blinde Fleck im Auge ist ein kleiner, nicht sehender Teil der Netzhaut. Hier trifft der Sehnerv auf den Augapfel und an dieser Stelle gibt es keine Fotorezeptoren, die das empfangende Licht umwandeln und weiterleiten. Wir sprechen aber auch von »blinden Flecken« im übertragenen Sinn, das heißt, wir sehen nicht alles, blenden etwas aus, können oder wollen gewisse Dinge nicht sehen. Das ist uns selbst meist nicht bewusst.

»Liebe macht blind!«, so der Volksmund. Warum? Was sehen wir da nicht? Mit den Augen der Liebe oder besser in unserer Verliebtheit sehen wir den idealen Partner, den wir bewundern, der Bedürfnisse erfüllt und möglichst ohne Makel ist. Mit einem solchen Partner fühlt es sich leicht und schön an. Wir sind blind für die Anteile, die unbequem wären, Angst machen oder einfach stören. Andere Menschen, andere Augen sehen diese Anteile schon, aber davon möchten wir nichts wissen. Wir wollen uns das perfekte Bild des anderen nicht zerstören lassen.

Da ist zum Beispiel jemand kreativ, und das finde ich wunderbar, und in meiner Verliebtheit will ich das Chaos nicht sehen, in dem dieser Mensch lebt. Ich möchte aber auch nicht den kritischen Blick der anderen einnehmen. Irgendwann lässt die »Blindheit« nach und wir werden sehend, dann haben wir den ganzen Menschen im Blick – meist beginnt damit die echte Liebe. Wir nehmen auch die chaotischen Anteile wahr und können Ja sagen zu allem, was diesen Menschen ausmacht.

Nicht nur das berauschende Gefühl der Verliebtheit macht blind, sondern auch negative Emotionen verhindern ein klares Bild. Man kann blind sein vor Wut! Ich bin dann nicht mehr Herr meiner Sinne, sehe Rot – die Farbe der Liebe, aber eben auch der Aggression, des Feuers, der Energie, die zerstört. Wut ist eine enorme Kraft. »Wut ist ein Geschenk«, meinte Mahatma Gandhi, obwohl er für Gewaltfreiheit steht. Wie passt das zusammen? Wut zu spüren ist gut, sie deckt Ungerechtigkeiten auf und setzt Energie frei. Entscheidend ist, was ich mit dieser Energie tue, in welche Bahnen ich sie lenke. Um etwas zu verändern, brauche ich Energie, und da kann Wut der Motor sein. Wenn ich Rot sehe, bedeutet das: »Stopp! So nicht weiter!« Eben wie ein rotes Stoppschild.

Schwarz zu sehen bedeutet ebenfalls Einseitigkeit. Alle anderen Farben werden ausgeblendet, ich sehe nur noch Dunkel, alles Farbige, Strahlende wird nicht mehr wahrgenommen. Diesen Zustand kennt jeder: Wir haben keine Hoffnung mehr, sind resigniert, frustriert, haben Angst. Dafür steht die Farbe Schwarz. In solchen Momenten sind wir für alles andere blind. Da hilft auch nicht, dass andere uns mit schönen Dingen ablenken wollen, uns von bunten Farben erzählen – das kann sogar alles noch schlimmer machen: Ich komme mir noch stärker isoliert vor in meiner dunklen Ecke.

Was hilft, die Blindheit gegenüber dem Hellen wieder aufzuheben, Farben zu sehen? Da gibt es sicherlich kein Allgemeinrezept. Farben haben bestimmte Wellenlängen, jede hat eine andere. Auf welcher »Wellenlänge« werde ich in meiner Trauer oder Depression erreicht? Welche Schwingung, welche Farbe – im übertragenen Sinn: Welche Art der Kommunikation – tut mir gut? Wo schwinge ich mit? Und tatsächlich: Welche Farbe tut mir gut? Diese Fragen muss jeder selbst beantworten. Die Antworten dürften so vielfältig ausfallen, wie es Menschen gibt.

Dann kennen wir noch die »rosarote Brille«: Menschen, die diese aufhaben, sehen alles eingefärbt, sozusagen mit Farbe überzogen. Rosarot steht für lieblich, hübsch, nett. Alles sieht ein bisschen schöner, leichter, einfacher aus, als es tatsächlich ist. Die Wirklichkeit möchte oder kann man nicht sehen, weil sie vielleicht zu schwer zu ertragen ist. Oder weil man einfach ein Optimist ist – man *möchte* es so sehen. Das gilt auch, wenn ich mir ein bestimmtes Image aufbauen will: Alles ist gut, schön und leicht. Ich verschweige

Misserfolge, kleinere und größere Niederlagen, möchte anderen vermitteln, dass mir alles zufliegt, dass ich ein Glückspilz bin. Warum brauche ich dieses Bild von mir? Vielleicht glaube ich, dass man sonst nicht gerne mit mir zusammen ist, oder vielleicht möchte ich dafür bewundert werden, dass ich so unbeschwert durchs Leben gehe?

Eine andere Form von Farbenblindheit: Schwarz-Weiß-Seher. Alle Nuancen zwischen Schwarz und Weiß, eben alle Formen von Grau werden ausgeblendet. Er oder sie kann oder will sie nicht sehen. Es ist einfacher, sich auf eine Seite zu schlagen, in Kontrasten zu denken, als die Zwischentöne zu sehen, zu differenzieren, genauer hinzusehen. Eine solche Entweder-oder-Mentalität sorgt für Klarheit, wird aber der komplexen Wirklichkeit nicht gerecht. Gerade in der Zeit der Corona-Pandemie waren Menschen mit dieser Art von »Sehfehler« häufig zu beobachten: entweder Impfgegner oder eindeutiger Befürworter. Die Position dazwischen mit all ihren Fragen und Ambivalenzen ist schwer auszuhalten. Und es fällt schwer, zu akzeptieren, dass es mehrere Sichtweisen gibt. Ähnliches gilt für die Politik und ihre oft verhärteten Fronten. Es ist nicht einfach, die Perspektive zu wechseln und mehrere Deutungen und Meinungen gelten zu lassen. Die eigene Position zu hinterfragen, keine Angst zu haben, sich zu irren und dies zuzugeben, dazu gehört schon eine gewisse Stärke und Reife. Doch diese Spannung auszuhalten und jedes Dafür und Dagegen zu bedenken, das macht Lebendigkeit aus und gibt der Sache Tiefe. Ich finde es mit das Schwierigste, die eigene Position zu verlassen und andere Sichtweisen einzunehmen, weil es oft als Schwäche gedeutet wird. Es hilft die Vorstellung, dass sich dadurch mein Blick weitet, mein Gesichtsfeld größer wird. Das Gegenteil, der Tunnelblick, das Röhrengesichtsfeld (es wird wirklich so genannt!) ist nicht umsonst pathologisch.

Wenn sich der Blick weitet, sehe ich mehr und weiter in die Ferne. Dieses »Mehr« trainiert mein Gehirn, alles Neue ist eine Herausforderung. Eingefahrene Spuren lassen verarmen im Sinn von »weniger werden«, das ist neurobiologisch nachgewiesen. Der Austausch mit solchen Menschen, die beharrlich ihre Sichtweise vertreten und sich nicht die Mühe machen, andere Perspektiven auch nur in Erwägung zu ziehen oder einmal einzunehmen, ist mühsam. Das heißt nicht, dass man seinen eigenen Standpunkt beim kleinsten Gegenwind aufgibt, es bedeutet nur, flexibel zu sein, also den Mut zu haben, eine sichere Position zu verlassen, um zu sehen, was an der Meinung des anderen dran sein könnte – und oft findet man zumindest ein Körnchen Wahrheit und ist damit auf dem besten Weg zu einem Kompromiss.

Vermutlich haben wir alle eine Brille auf, nehmen die Welt mit einer gewissen »Färbung« wahr und sind blind für einige andere Farben. Wichtig ist eigentlich nur, dass man sich das immer wieder bewusst macht und dann ebenso bewusst versucht, die eigene Brille abzusetzen und neu hinzusehen.

Hilfreich ist zudem, sich bewusst zu machen, dass unsere »Brillen«, die wir tragen, »Brillen« des 21. Jahrhunderts sind. Wir sehen und erkennen zeitgemäß. Früher sah man die Welt anders als heute – und einhundert Jahre weiter wird sie wieder mit anderen Augen betrachtet werden. Denken wir beispielsweise an die Digitalisierung, die Auswirkungen auf alle Lebensbereiche hat und uns neue Möglichkeiten eröffnet.

Ein sehr eindrückliches Beispiel bezüglich der »zeitbedingten Brille« ist für mich die Geschichte des Galileo Galilei. Er behauptete, dass nicht die Erde der Mittelpunkt des Universums sei, sondern die Sonne, und dass sich die Erde wie andere Planeten auch um die Sonne drehe. Diese Sichtweise war revolutionär, für viele damals unvorstellbar, heute ein nachgewiesener Fakt. Die Entwicklung geht weiter – in der Zukunft werden wir Dinge und Zusammenhänge sehen und erkennen, die heute noch unvorstellbar sind.

Sehen ist vorläufig, alle Sichtweisen und Erkenntnisse sind »Stückwerk« und zeitgebunden. Das kann verunsichern oder erfrischend sein, je nachdem, wie man es sieht! Habe ich ein großes Bedürfnis nach Konstanz und Halt, bin ich verunsichert. Liebe ich Veränderungen, sind mir neue Sichtweisen und Gegebenheiten willkommen.

Kenne ich meine blinden Flecken, Dinge, die ich nicht wahrhaben will, bei mir und bei anderen?

Wo bin ich besonders kritisch? Was sehe ich übergroß? Wo mache ich aus einer Mücke einen Elefanten? Oder umgekehrt: Wo spiele ich Dinge herunter?

Kenne ich die Färbung meiner Brille, durch die ich die Welt sehe?

Faszination Auge

Der blinde Fleck ist ein kreisförmiger Ausschnitt der Netzhaut von 1,5 Millimeter Durchmesser. Hier gibt es keine »sehenden Zellen« wie auf der übrigen Netzhaut. Es handelt sich um eine Öffnung, durch die dicht gebündelt die Nervenfasern der Netzhaut, etwa eine Million(!) an der Zahl, den Augapfel verlassen und im weiteren Verlauf den Sehnerv bilden. Dieser ist interessanterweise von den drei gleichen Hüllen umgeben wie das Gehirn, weshalb man Netzhaut und Sehnerv, wie schon erwähnt, als einen Teil des Gehirns ansieht.

Theoretisch müsste es deshalb in unserem Gesichtsfeld einen Ausfall geben, da ein kleiner Teil der Netzhaut nichts sieht. Aber wundersamerweise merken wir das nicht. Da wir zwei Augen haben, wird der blinde Fleck des einen vom anderen Auge ausgeglichen. Aber selbst, wenn wir ein Auge zuhalten, merken wir nichts von dieser blinden

Stelle. Das Bild, das wir sehen, ist komplett, es fehlt nichts, weil das Gehirn das Fehlende ergänzt!

Wir können aber trotzdem den blinden Fleck »sehen«. Dazu tricksen wir das Gehirn aus, indem wir ein kleines Objekt betrachten, das im Auge genau auf den blinden Fleck fällt, dort abgebildet, aber eben nicht gesehen wird. Das Gehirn »weiß« nichts von diesem Objekt, kann also auch nichts ergänzen.

Schließen sie dazu das linke Auge oder halten sie es zu, konzentrieren Sie sich mit dem rechten Auge auf das X unten auf der Seite.

Nun verändern Sie den Abstand zum Papier, indem Sie mit dem Kopf vor oder zurück gehen (während Sie immer noch das X fokussieren), bis das O verschwunden ist.

Dasselbe funktioniert natürlich auch mit dem linken Auge, während man das rechte zuhält und sich auf das O konzentriert.

X   **O**

Blind und doch sehend?

Wie erleben Blinde die Welt, wie »sehen« sie sich selbst in dieser Welt? Und welchen Stellenwert geben sie ihrem Sehverlust? Als sehende Menschen haben wir eine nur sehr unzureichende Ahnung, wie Blinde oder Sehbehinderte ihre Einschränkung bewerten, weil wir es uns eben gar nicht vorstellen können, ohne Sehen auszukommen. Hier ist ein enormer Perspektivwechsel notwendig, will man sich in Blinde hineinversetzen.

Blinde Menschen möchten meist gar nicht, dass die Sehbehinderung besonders thematisiert, dass dieser Tatsache so viel Bedeutung beigemessen wird. Und unser Mitleid wollen sie schon gar nicht, so meine Erfahrung mit Sabriye Tenberken, die selbst blind ist und zudem die Leiterin einer Blindenschule in Tibet. Blinde und Sehbehinderte interessieren sich für die gleichen Themen wie alle anderen Menschen auch, möchten darüber diskutieren und sich austauschen. Und sie möchten die Welt erleben, sich herausfordern und das Leben auskosten. Wie ihnen das gelingt, konnten wir hautnah miterleben.

»Blindsight«, so heißt der Dokumentarfilm über eine Gruppe blinder Jugendlicher, die in Tibet den Lhakpa Ri, einen Siebentausender im Himalaya in unmittelbarer Nähe des Mount Everest unter der Leitung des blinden Bergsteigerführers Erik Weihenmayer aus den USA besteigen wollen. Wir sind 2008 dabei, als sich die Gruppe in Lhasa, wo sich die Blindenschule von Sabriye Tenberken befindet, auf diese Expedition vorbereitet. Sabriye hat Tibetologie studiert und die Schule 1998 in Lhasa gegründet. Sie liebt die Herausforderung, geht an ihre Grenzen, weiß aber nun auch um ihre Verantwortung für ihre Schüler.

Es herrscht eine aufgeregt-freudige Stimmung, die Route wird detailliert besprochen, die Ausrüstung geprüft und diskutiert, was das Ziel der ganzen Aktion ist. Vordergründig betrachtet ist es die Besteigung des Gipfels, aber es wird klar, dass die Gruppe nur so weit kommt, wie ihr schwächstes Glied, der Teamgedanke ist ganz wichtig. Und: Es soll Freude machen! Das ist das A und O für Sabriye und ihren (sehenden) holländischen Freund Paul. Es geht nicht an erster Stelle um Erfolg und Sensation – darüber wird es auf der Tour noch so manche Diskussion geben –, sondern um das Wir-Gefühl, die Einheit, die Solidarität.

Wir sind eine kleine Gruppe aus dem Freundeskreis von Sabriye und Paul und sind rein zufällig zu der Zeit in Lhasa, als die Tour kurz bevorsteht. Es ist faszinierend zu sehen, wie wach und präsent die blinden Kinder und Jugendlichen sind. Sie schwanken zwischen Angst und purer Vorfreude auf die Tour, fühlen sich geehrt, dass sie mitgehen dürfen. Das wird das Ereignis ihres Lebens werden. Eine Erfahrung, die sie nie vergessen werden. Wir sind schon eine Woche in Lhasa und konnten die blinden Kinder in den unterschiedlichsten Situationen beobachten. Sie ersetzen das fehlende Sehen durch eine enorme Aufmerksamkeit über die verbleibenden Sinne. Sie wollen alles – im wahrsten Sinn des Wortes – erfassen. Sie sehen mit den Händen und hören, was sie nicht sehen. Ein Beispiel: Wir fahren mit dem Bus über Schienen, Kyla, die neben mir sitzt und das leichte Rumpeln sofort bemerkt, weiß genau, wo wir sind, sie sieht die Schienen vor ihrem inneren Auge, sagt mir, was es rechts und links draußen zu sehen gibt und erklärt mir als Einheimische die Umgebung. Sie hält meine Hand und möchte meine Freundin werden. Ich bin ganz gerührt, aber auch irritiert. Sie sieht mich doch gar nicht, denke ich. Und dann schäme ich mich gleich für den Gedanken – als ob Blinde keine Freundschaften schließen könnten! Und als ob es dafür wesentlich wäre, dass man weiß, wie der andere aussieht. »Man sieht nur mit dem Herzen gut, das Wesentliche ist für die Augen unsichtbar«, lässt Antoine de Saint-Exupéry seinen Kleinen Prinzen sagen. Zugegeben, ein inzwischen überstrapaziertes Zitat, aber im beschriebenen Zusammenhang doch sehr passend.

Bei allem, was die blinden Kinder in Lhasa bisher bewältigt haben, eine solche Bergbesteigung ist noch mal eine andere Hausnummer. Neben der enormen Konzentration, die bei jedem Schritt unerlässlich ist, sind sie körperlich gefordert. Eine gute Kondition ist Voraussetzung. Trotzdem weiß man vorher nicht, wie der Körper auf den geringen Sauerstoffgehalt der Luft in höheren Regionen reagieren wird. Ziel der Bergbesteigung ist es, an die eigenen Grenzen zu gehen, diese aber dann auch zu akzeptieren und nicht damit zu hadern.

Sie haben am Ende den Gipfel nicht erreicht, sind vorher abgestiegen, aber sie haben so viel »gesehen«! Sie berichten begeistert von Eiskristallen, von einem strahlend blauen Himmel, von Felsformationen, von lustigen und schwierigen Situationen. Sie haben angefasst, gefühlt, die Luft gespürt. Der Blickkontakt ist deutlich eingeschränkt, aber sie spüren die anderen trotzdem, fühlen sich verbunden und haben eine äußerst sensible Antenne für Stimmungen. Manchmal hat man das Gefühl, sie nehmen mehr wahr als wir. Das äußerliche Sehen-Können über unsere Augen ist ein großes Geschenk und ein unglaubliches Instrument, die Welt zu erleben und zu erfahren, aber für das innere Sehen und Spüren haben Blinde, die in einer Gemeinschaft herausgefordert und gefördert werden, oft eine viel höhere Sensibilität.

Sehen und Sehen kann so unterschiedlich sein. Diese Erfahrung möchte ich nicht missen, und frage mich, was es für mich in meinem Alltag bedeutet. Vielleicht, die Augen einmal »zurückzunehmen«, nicht nach dem zu urteilen, was sie sehen, das heißt, nicht von der Frisur auf den Charakter oder von einer »strammen Haltung« auf ein gesundes Selbstbewusstsein zu schließen, die Äußerlichkeiten eben nicht zum Maßstab aller Dinge zu machen. Kleider machen leider Leute. Würde man die Kleider nicht sehen, wären viele verunsichert, mit wem sie es gerade zu tun haben. Ich möchte mich in Zukunft eher darauf konzentrieren, zu spüren: Was strahlt dieser Mensch aus, was sagt und tut er? Fühle ich mich wohl oder unwohl in seiner Gegenwart – und warum?

Interessant in diesem Zusammenhang ist die Frage, ob die Vorurteile gegenüber Menschen mit anderer Hautfarbe auch bestehen würden, wenn alle Menschen blind wären. Könnte man die Hautfarbe nicht *sehen*, was wären dann die Kriterien von Ab- oder Zuneigung?

Die Augen können uns das Leben schwermachen, uns zu Vorurteilen verführen und ungerecht werden lassen. Auch der Neid hat hier seinen Ort: Wer sieht besser oder schlechter aus? Wieso kann sich diese Person ein solches Outfit leisten? Wieso sieht jener viel jünger aus, als er ist? Dieser dort ist übergewichtig – also hat er sein Leben nicht im Griff ... Passen wir also auf, dass wir den Augen nicht zu viel Macht geben und dabei unsere anderen Antennen vernachlässigen.

Was können wir von blinden Menschen lernen? Wenn das Sehen reduziert oder gar nicht mehr vorhanden ist, laufen die anderen Sinne zur Höchstform auf. Der Körper kompensiert eine Schwäche und ersetzt sie so gut es geht durch andere Fähigkeiten. Bei Blinden ist vor allem das Hören sehr sensibel. Aber auch das Fühlen und Spüren. Für Berufe, in denen diese Qualitäten erforderlich sind, haben Blinde tatsächlich einen Vorteil. Blinde Masseure nutzen ihr »Sehen« mit den Händen und sind ihren Kollegen im Fühlen und Ertasten von Verhärtungen und anderen Problemen oft weit überlegen.

Mich fasziniert, wie gut Blindheit kompensiert werden kann, und ich staune über die vielen anderen Kanäle, mit denen die Welt dann wahrgenommen wird. Sosehr ich das Sehen mit all seinen Spielarten im wahrsten Sinn des Wortes wunder-bar finde, im Zusammensein mit Sabriye und den Kindern wurde mir bewusst, dass Lebensfreude und Fülle nicht davon abhängig sind.

Wer einmal nachspüren möchte, wie sich Blindheit anfühlt, dem sei eine Ausstellung in Hamburg ans Herz gelegt. Sie heißt: »Dialog im Dunkel – eine Reise in die absolute Dunkelheit«. Man wird durch einen Parcours geführt, in dem es nichts zu sehen gibt, aber viel zu erleben. Mit blinden Menschen als Führer erlebt man Alltagssituationen, geht durch einen Park, besucht eine Bar und wer möchte, bekommt sogar ein Mehrgangmenü serviert – alles in kompletter Dunkelheit!

Man kann sich aber auch einfach einmal eine Augenbinde umlegen, sich von einer anderen Person führen lassen und dabei den Fragen nachspüren: Wie geht es mir, wenn ich auf das Sehen verzichten muss? Habe ich Angst? Wie ist es für mich, nicht mehr die Kontrolle zu haben und mich komplett auf eine andere Person verlassen zu müssen? Eine sehr besondere, lohnenswerte Erfahrung.

Faszination Auge

Es gibt eine Erkrankung, bei der das Auge und die Sehbahnen organisch völlig gesund sind. Und doch geben manchmal Patienten an – vorwiegend Kinder im Alter zwischen 8 und 12 Jahren –, schlechter oder gar nichts zu sehen. Bei der Prüfung der Sehleistung wird tatsächlich nur eine Sehschärfe von ca. 20–30 Prozent angegeben. Man spricht in diesen Fällen von einer funktionalen Sehschwäche: Die Kinder simulieren nicht, sie können einfach keine besseren Angaben machen. Meist liegt ein unbearbeiteter Konflikt vor, eine Stresssituation oder eine unbewusste Angst. Deshalb ist in diesen Fällen eine psychologische Behandlung sinnvoll. Damit einhergehend verbessert sich das Sehvermögen wieder.

Das innere Auge

Ich bin sieben oder acht Jahre alt und sitze auf der Schaukel in unserem Garten. Während ich so versonnen vor mich hinschaukele, stelle ich mir die Frage, wer ich eigentlich bin. Ich schließe die Augen und es kommt mir der Satz in den Kopf: »Was du bist, das bist du. Was du bist, das bist du. Was du bist, das bist du.« Ich wiederhole den Satz noch ein paarmal und werde ein bisschen verrückt darüber. Vielleicht bin ich das, was ich gerade denke. Aber wer bin ich, wenn ich nicht denke? Ich versuche, nicht zu denken, aber das gelingt mir nicht. Daraufhin beende ich fürs Erste die Forschungsreise nach innen.

Die Frage aber bleibt. Und genau das wünschen wir uns von einem inneren Auge: nach innen zu blicken und zu erkennen, wer wir tatsächlich sind. Mir helfen heute bei dieser Suche nach mir selbst Bilder und Skizzen, die Komplexes anschaulich machen. Sebastian Painadath, ein indischer Jesuitenpater, der sowohl in der östlichen als auch westlichen Mystik zu Hause ist, zeigt in einem Bild, wie der Weg von außen nach innen, zum eigenen Wesensgrund verläuft. Und mitten in seiner Skizze malt er ein Auge, eben das innere Auge. Das Modell beschreibt mehrere Schichten des Menschen. Die äußere beinhaltet unser Tages- oder Wachbewusstsein: Denken, Fühlen und Handeln in der chronologisch ablaufenden Zeit. Darunter liegt die Schicht des Unterbewusstseins. Das Traum- oder Schlafbewusstsein. Eine weitere Schicht tiefer sind die Intuitionen angesiedelt. Und innerhalb dieser Schicht befindet sich das Auge. Es blickt noch tiefer in mich hinein, auf den eigentlichen Kern, ins tiefste Innere. Dafür gibt es in den verschiedenen Weisheitstraditionen unterschiedliche Begriffe: das wahre Selbst, der göttliche Grund, der innerste Raum. Dieser Raum, dieses Innerste wird in der Skizze von Sebastian Painadath als Herz dargestellt. Denn hier ist die reine Empfindung von Liebe zu Hause. »Was aber bleibt, sind Glaube, Hoffnung, Liebe – aber die Liebe ist die größte unter ihnen!«, heißt es im Brief des Apostels Paulus an die Korinther (1 Korinther 13,13). Oder wie der Dalai Lama es ausdrückt: »Das Herz aller Religionen ist eins.« In diesem Inneren spielen Raum und Zeit keine Rolle mehr, es ist das »ewige Jetzt«, wo Gott und Mensch eins sind. Augustinus formuliert es so: »Geh deinem Gott entgegen bis hin zu dir selbst!« So die Theorie.

Darin drückt sich die Sehnsucht des Menschen aus, mehr zu sein als seine Gedanken, Gefühle, Pläne und Vorstellungen. Und es drückt die Sehnsucht nach Geborgenheit aus, nach Halt und einer tiefen Zugehörigkeit. All das sind existenzielle Grundbedürfnisse des Menschen. Es steckt darin aber auch die Sehnsucht nach etwas Zeitlosem, Ewigem. Es gibt viele Bilder für diesen Zustand der Zugehörigkeit, des Einsseins: wie eine Welle im Meer zu sein oder wie eine Rebe am Weinstock. Mir gefällt das Bild, in einem großen Orchester mitzuspielen, also ein kleiner Teil eines Großen zu sein, das gemeinsam etwas Schönes entstehen lässt. Aber können wir auch glauben, dass es so ist? Und wenn ja, wie finde ich den Weg dorthin?

In den meisten Traditionen und Religionen führt der Weg nach innen über die Achtsamkeit, das Stillwerden und ja, es geht auch um das Nichtdenken, wie ich es als Kind geahnt und versucht hatte. Nicht zu denken, den Kopf auszuschalten, ist aber so gut wie unmöglich. Daher meint es eher, die Gedanken ziehen lassen zu können, ihnen nicht anzuhaften, sondern einen wohltuenden Abstand zu ihnen zu gewinnen.

Aber nicht nur die Stille kann uns nach innen führen. Ein Musikstück, in das ich mich versenke, das mich im Innersten berührt, oder auf dem Gipfel eines Berges zu stehen oder in den Sternenhimmel zu schauen kann punktuell ein Gefühl von Glückseligkeit auslösen. Gleichzeitig ist es mehr als ein Gefühl. Es ist eine Gewissheit, sich etwas Größerem anvertrauen zu können.

Wenn man diesen Zustand kennt und erlebt hat, dann möchte man mehr davon, diese Intensität öfters erleben. Leider scheint es aber so zu sein, dass der Mensch diesen Zustand nicht halten kann, also immer wieder aus ihm herausfällt. Selbst Mystiker und spirituelle Meister aller Religionen kennen das, weil sie wie alle Menschen mit Problemen und Emotionen in ihrem Alltag zu kämpfen haben. Das ist sehr tröstlich, vor allem, wenn ich mit mir hadere, wenn ich zeitweise so schwach und mutlos zu sein scheine. Aber immerhin kann ich mich dann an die Glücksmomente erinnern, dass ich die Erfahrung gemacht habe und sie unwiderruflich in mir verankert ist. Darauf kann ich bauen.

Die innere Schau ist ein Übungsweg. Der Wunsch, in unserer hektischen Welt zur Ruhe zu kommen, ist groß. Daher steigt die Nachfrage nach Kontemplationskursen weiterhin an. Trotzdem stehen wir uns oft selbst im Weg. Unter Menschen, unterwegs zu sein, etwas zu erleben, das sind ebenfalls Bedürfnisse, die befriedigt werden wollen. Dann spüren wir die Spannung zwischen diesen scheinbar gegensätzlichen Wünschen. Beides hat seine Berechtigung. Wir ahnen, dass wir die Stille brauchen, um zu erkennen, wer wir sind.

Der Körper ist das Gefäß unseres Bewusstseins. Die Atmung kann man sich als Verbindung zwischen Körper und Geist vorstellen. *Ruach*, das hebräische Wort für Geist, meint aber auch »bewegte Luft«, bedeutet Geist und Atem zugleich. Ich atme nicht aktiv, nicht bewusst, es geschieht einfach, man könnte

Das innere Auge

sagen, »es« atmet in mir, der Atem ist mir geschenkt, gegeben, er hält mich lebendig. Und was mache ich mit oder aus dieser Lebendigkeit? Was ist in mir lebendig? Was fühle ich, spüre ich, denke ich? Wie lebe ich?

In der Stille kann ich zur Ruhe kommen und mich so sehen, wie ich bin. Ich muss keinem etwas beweisen oder vormachen. Ich sehe mich mit meinen Stärken und Schwächen und nehme mich an. Dieser wahrhaftige Blick befreit. Ich brauche nichts zu verstecken und muss mich nicht ängstigen. Ich bin gewollt, so wie ich bin.

In der Stille kann mir bewusst werden, dass es eine größere Dimension gibt, die mich hält und trägt, die Kraft, die mich atmen lässt. In allen Religionen wird eine Beziehung zu dieser Dimension, die wir Gott nennen können, gesucht. Dabei gibt es unterschiedliche Wege. Der eine sucht eher den personalen Gott, zu dem ich beten kann, der mir ein Gegenüber ist. Da gibt es traditionelle Gebete, wie das Vaterunser im Christentum, vorformulierte Bitt- und Dankgebete, aber auch die ganz persönlichen mit eigenen Worten. Ein anderer Weg sucht den transzendenten Gott, der alles durchdringt, dem man sich in der Stille bewusst wird als dem Grund aller Dinge. Hier gibt es unterschiedliche Meditationsformen, meist gegenstandslos, die Achtsamkeit ist auf die Atmung ausgerichtet. Oder aber man meditiert mit einem Bild, nutzt ein Wort, ein Mantra oder andere Hilfsmittel. Für mich ergänzen sich beide Wege.

Unterschiedliche Religionen haben bei der Suche nach Gott unterschiedliche Formen und Strukturen vorgegeben, die sich auch kulturell bedingt voneinander unterscheiden. Das »Geheimnis Gott« wird immer größer und anders sein, als wir Menschen es uns vorstellen können. Aber wir brauchen Bilder und Metaphern.

Mit dem inneren Auge zu schauen meint, in Kontakt zu sein mit mir, meinen Gefühlen, Gedanken und Bedürfnissen. Es bedeutet auch, mir meiner Würde bewusst zu sein und dem Geheimnis in mir, das ich den göttlichen Grund nennen kann, einen Raum zu geben. Selbst wenn es im Außen hektisch zugeht, verliere ich nicht die Verbindung nach innen. Ich bin nicht entweder außen oder innen, sondern außen und innen zugleich. Das eine schließt das andere nicht aus. Dazu brauche ich beide Sorten von Augen: die äußeren und das innere. Und alle wollen trainiert werden. Vielleicht gelingt dann eine Zusammenschau!

Eine Übung, die mir persönlich hilft, mit dem äußeren Auge und dem inneren Auge zu schauen und mir die Verbundenheit, das Einssein zu verdeutlichen:

Ich nehme zunächst alles um mich herum wahr, was ich sehe. Dann stelle ich mir Menschen vor, die nicht in meinem Umfeld sind, Freunde und Verwandte, die alle jeweils an verschiedenen Orten leben. Ich sehe sie vor meinem geistigen Auge. Sie sind da, jetzt in diesem Moment, ich sehe sie nur nicht leibhaftig.

Ich mache mir ebenfalls bewusst, dass in diesem Moment irgendwo die Sonne auf- und an einem anderen Ort untergeht, beides geschieht gleichzeitig.

Dann mache ich mir klar: Es gibt Menschen, für die dieser Tag, dieser Moment der glücklichste, für andere der schrecklichste in ihrem Leben ist. In diesem Moment werden Menschen geboren und sterben Menschen. In diesem Moment wird geliebt und gehasst.

Es ist alles jetzt und ich bin mittendrin in diesem riesigen Energiefeld. Ich gehöre dazu, ich habe Anteil, ich leiste meinen Beitrag.

Wenn ich so einen Moment in der Stille verweile, meinen Atem spüre, der immer gegenwärtig ist, dann fühle ich mich sehr erfüllt, weil ich Teil eines großen Ganzen bin.

Eine kleine Philosophie des Sehens

Die Antrittsvorlesung des deutschen Regisseurs und Fotografen Wim Wenders, dem von der theologischen Fakultät Fribourg der Ehrendoktortitel verliehen worden war, trägt den Titel: »Der liebevolle Blick«. Mich hat dieser Vortrag so fasziniert, dass ich ihn hier am Schluss des Buches einmal als »kleine Philosophie des Sehens« inhaltlich wiedergeben möchte.

Als Filmemacher ist das Sehen für Wim Wenders existenziell. Sehen und (dem Publikum einen Film) Zeigen, das ist seine Aufgabe, seine Berufung. Zudem behauptet er, er sei im Leben eher durch das Sehen als durch das Denken weitergekommen – Sehen als Erkenntnismethode! Zu Beginn des Vortrags outet er sich als »praktizierender Romantiker« und gläubiger Mensch. Das ist ihm wichtig, weil er sich im Folgenden auf die Bibel und Gott bezieht. Er hat selbst erfahren, dass man das eigene Sehen lernen und verbessern kann, und zitiert dazu den Text aus der Offenbarung des Johannes, in der es heißt: »Ich rate dir, dass du Augensalbe kaufst, damit du sehen mögest« (Offenbarung 3,18). Gut sehen zu können ist für uns heute selbstverständlich und so normal, dass wir es nie infrage stellen – und uns deshalb auch nicht so sehr darum kümmern. »We take it for granted«, es scheint uns garantiert zu sein, wie es im Englischen so schön heißt. Wir stellen es erst in Frage, wenn es nicht mehr funktioniert.

Nun gibt es verschiedene Blicke: den kritischen Blick – nach Meinung von Wim Wenders in unserer Kultur viel zu hochgeschätzt –, den ironischen, den verachtenden, den abschätzigen – und dann auch den liebevollen Blick. Wir alle wissen, wie wichtig er ist. Ein Kind braucht es, dass der liebevolle Blick auf ihm ruht, der Sicherheit, Geborgenheit und Schutz ausdrückt.

Dann erzählt Wim Wenders, wie es dazu kam, dass er diesen liebevollen Blick entdeckt hat. Er sei ihm begegnet bzw. er habe sich ihm von selbst aufgedrängt bei den Dreharbeiten zu dem Film »Der Himmel über Berlin«. Er hatte kein festes Drehbuch, der Film habe sich wie ein Gedicht, das sich Zeile für Zeile schreibt, entwickelt, sagt er.

In dem Film geht es darum, dass zwei Engel über die geteilte Stadt Berlin wachen. Sie können nur schauen, nichts wirklich tun. Die Anweisung Wenders' an die beiden Schauspieler war: Du liebst die Menschen mit deinem ganzen Wesen! Und diese Anweisung hatten auch die Menschen hinter der Kamera. Mit einem

Mal, so Wenders, sei Magie spürbar geworden. Indem alle mit dem liebevollen Blick beschäftigt waren, wurde Unsichtbares sichtbar, die Liebe, die Verbindung der Menschen miteinander. Er hatte das Gefühl, dass tatsächlich Engel ihre Finger im Spiel hatten. Wenders ist der Überzeugung: Wenn wir den liebevollen Blick üben, ereignen sich Wunder!

Wir sind alle Augenmenschen, weil wir ständig schauen, und es liegt an uns, wie wir schauen, mit welchem Blick. Wim Wenders hatte dazu einen spannenden Gedanken: Die Welt existiert im Blick von über 7,5 Milliarden Augenpaaren und setzt sich permanent neu zusammen als ein gewaltiges Kaleidoskop, das von allen lebendigen Menschen gesehen und damit produziert wird. Deshalb lautet seine Definition der Welt: Sie ist die Summe aller Blicke, Wahrnehmung und Gehirne dahinter. Jeder für sich, aber in diesen Verbund aller Sehenden eingebunden. Ein weltweites Spektrum. Gefühle und Gedanken werden mit dem Sehen verbunden. Was ist die Welt anderes als die 7,5 Milliarden Blicke (heute über 8 Milliarden), durch die wir sie erfassen, fragt sich Wim Wenders. Das Spannende daran ist aber auch: Jeder Blick passiert im Jetzt, dann wird er zur Vergangenheit. Und daher ändert sich die Welt oder der Blick auf sie auch ständig.

Ich möchte hinzufügen: Nur weil wir Sehende sind, sieht die Welt jetzt so aus, wie sie ist. Nur weil wir Sehende sind, entstanden Städte und Landschaften, Industrie und Idylle, faszinierende Bauwerke und

»Bausünden«, eben ein ganzes Spektrum. Und die Welt wird durch unsere Augen immer wieder neu erfunden werden.

Wer hat aber nun den Blick auf dieses unglaubliche Kaleidoskop? Nach Wim Wenders kann den nur Gott haben. In unserem Sehen drückt sich seine Schöpfung aus. Wir sind sozusagen seine Augen. Gott sieht uns durch die Summe aller Augenpaare. Wenders zitiert an dieser Stelle Meister Eckhart, der es schon im 14. Jahrhundert auf den Punkt gebracht hat: »Das Auge, mit dem ich Gott sehe, ist dasselbe, mit dem mich Gott sieht!« Unsere Blicke sind nicht beliebig, weil wir einmalig sind. Sie sind einzigartig, weil wir Menschen einzigartig sind.

Zum Schluss erzählt Wim Wenders von einer Begebenheit, bei der das Sehen, das Schauen ihn aus einer schwierigen Situation gerettet hat: Bei einer langwierigen Filmproduktion in Afrika war alles schiefgelaufen, er lag leer und ausgebrannt in einem Hotelzimmer und hatte eine schlaflose Nacht. Eigentlich waren alle Arbeiten beendet und er hatte endlich alles geschafft, aber es fühlte sich an, wie von Ungetümen erdrückt zu werden. Er sehnte sich nach dem Ende der Nacht. Und dann dämmerte es endlich. Ganz allmählich wurde es heller, die Dinge im Raum zeichneten sich ab, er beobachtete das Licht- und Schattenspiel an der Wand, die ersten Sonnenstrahlen draußen. Er war froh, als sich die Wirklichkeit abbildete, und die Gespenster in seinen Gedanken verflüchtigten sich.

Er war dem Licht dankbar, es war eine Erlösung! Eine neue Erfahrung. Ihm kam Martin Luther King in den Sinn, der sagte, dass nur das Licht gegen die Dunkelheit ankomme. Es ergriff ihn eine Art ungläubiges Staunen darüber, dass Sorgen und Gedanken verflogen waren und er im wahrsten Sinne des Wortes alles »in einem anderen Licht« sah. Er fühlte Erleichterung und Befreiung, Tränen der Dankbarkeit liefen ihm über das Gesicht, so Wim Wenders – und das alles aufgrund eines einfachen Sehaktes. Was für ein Wunder dieses selbstverständliche Sehen im Grund ist!

Die Morgendämmerung scheint eine besondere Zeit zu sein. Die Vögel zwitschern dann am lebhaftesten und in vielen religiösen Traditionen ist es die Stunde der ersten Gebetszeit. Ich selbst wache oft zu dieser Zeit auf, bin ganz präsent und habe gute Gedanken, Einfälle, Ideen, die ich sofort aufschreibe, weil sie mir so wertvoll erscheinen. Der Beginn des Tages fordert uns geradezu dazu auf, alles in einem *neuen* Licht zu sehen!

Wim Wenders verweist abschließend nochmals auf die Bibel: Im Matthäusevangelium heißt es: »Durch die Augen fällt das Licht in deinen Körper. Wenn sie klar sehen, bist du ganz und gar vom Licht erfüllt« (Matthäus 6,22). Letzten Endes ist das Ziel seiner Vorlesung eine Aufforderung an uns, dem Sehen mehr Aufmerksamkeit zu schenken, ihm mehr Zeit zu widmen, unserem selbstverständlichen Sehen mehr zuzutrauen und es nicht nutzlos zu vergeuden.

Es gibt eine Würde des eigenen Sehens. Und der liebevolle Blick ist ein Mittel, sich dieses wertschätzende Sehen zu bewahren.

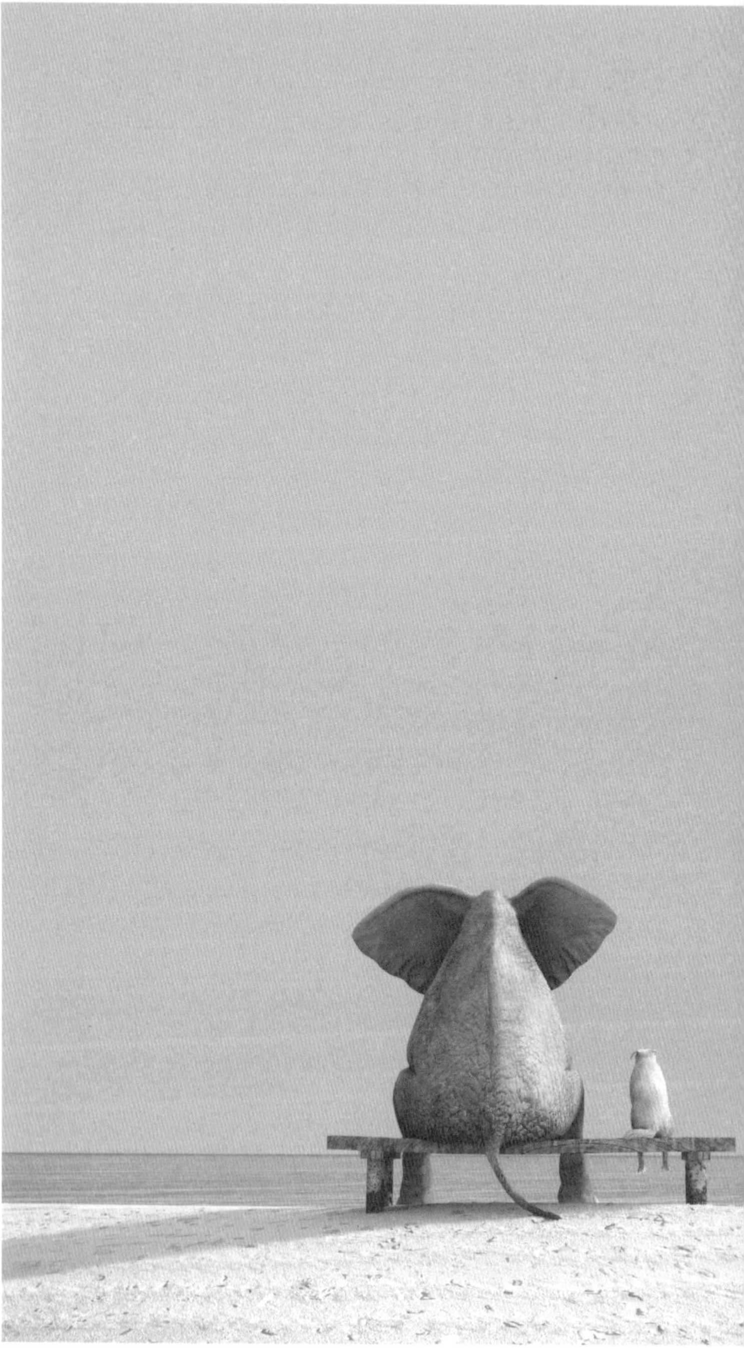

Dank

Mein Dank gilt meinen Kolleginnen und Kollegen, den Ärztinnen und Ärzten und allen, mit denen ich zusammengearbeitet habe. Vor allem denke ich an die vielen Jahre an der Universitäts-Augenklinik Bonn.

Kursteilnehmerinnen und Kursteilnehmer, Freunde und Bekannte, oft Menschen, denen ich nur kurz begegnet bin, haben mir von ihren An- und Einsichten erzählt, was sie wahrnehmen, denken und glauben. Das erlebe ich als große Bereicherung und weiß es sehr zu schätzen.

Vor allem aber möchte ich meinem Mann danken, der mich auf die Idee gebracht hat, über das Sehen zu schreiben.

Weiterführende Literatur

Istvan Banyai, *Zoom*, Düsseldorf, 4. Auflage 2003.

Mathias Binswanger, *Die Tretmühlen des Glücks*, Freiburg, 2. Auflage 2006.

Thomas Ditzinger, *Illusionen des Sehens – Eine Reise in die Welt der visuellen Wahrnehmung*, Berlin, 2. Auflage 2014.

Barbara Fischer / Michael Preschnitz, *Faszination Auge – alles über unser komplexestes Sinnesorgan einfach erklärt*, Bozen 2021.

Anselm Grün, *Träume auf dem geistlichen Weg*, Münsterschwarzach, 8. Auflage 1997.

Robert Hendersen, *Ich sehe was – und was siehst du*, Stuttgart 2021.

Beau Lotto, *Anders Sehen – Die verblüffende Wissenschaft der Wahrnehmung*, München, 3. Auflage 2018.

Frank-Uwe Maaß / Frank Naumann, *Was Träume uns raten – Botschaften des Unbewussten entschlüsseln und nutzen*, Berlin 1999.

Markolf H. Niemz, *Die Welt mit anderen Augen sehen – Ein Physiker ermutigt zu mehr Spiritualität*, Gütersloh 2020.

Sebastian Painadath, *Der Geist reißt Mauern nieder*, München 2002.

Richard Rohr, *Der Weg der Weisheit*, München 2021.

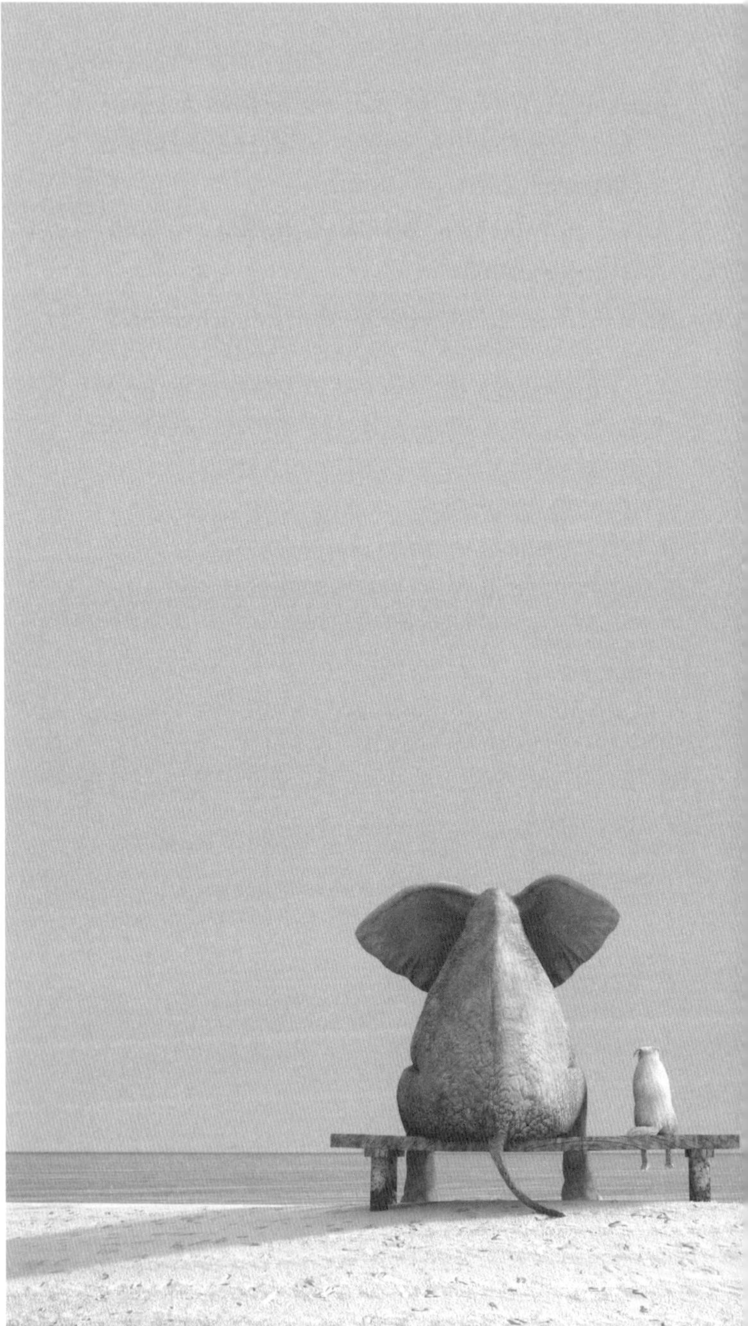

**Bibliografische Information der
Deutschen Nationalbibliothek**

Die Deutsche Nationalbibliothek verzeichnet diese Publikation
in der Deutschen Nationalbibliografie. Detaillierte bibliografische
Daten sind im Internet über http://dnb.d-nb.de abrufbar.

Ohne Folie
Für unsere Umwelt

MIX
Papier | Fördert
gute Waldnutzung
FSC
www.fsc.org FSC® C014889

D in Deutschland
produziert

1. Auflage 2023
© Vier-Türme GmbH, Verlag, Münsterschwarzach 2023
Alle Rechte vorbehalten

Lektorat: Marlene Fritsch
Umschlaggestaltung: Finken und Bumiller, Stuttgart
Umschlagmotiv: Photobank.kiev.ua / shutterstock.com
Druck und Bindung: Pustet, Regensburg
ISBN 978-3-7365-0509-4

www.vier-tuerme-verlag.de